创智学习

教师不可不知的心理学

唐全腾 ■ 著

华东师范大学出版社

上海

图书在版编目（CIP）数据

教师不可不知的心理学/唐全腾著. —上海：华东师范大学
出版社，2008
（创智学习）
ISBN 978 - 7 - 5617 - 5958 - 5

Ⅰ.教… Ⅱ.唐… Ⅲ.教育心理学 Ⅳ.G44

中国版本图书馆 CIP 数据核字（2008）第 040249 号

创智学习

教师不可不知的心理学

著　　者　唐全腾
责任编辑　徐先金
审读编辑　冯　奕
责任校对　侯俊华
装帧设计　卢晓红

出版发行　华东师范大学出版社
社　　址　上海市中山北路 3663 号　邮编 200062
网　　址　www.ecnupress.com.cn
电　　话　021 - 60821666　行政传真 021 - 62572105
客服电话　021 - 62865537　门市（邮购）电话 021 - 62869887
地　　址　上海市中山北路 3663 号华东师范大学校内先锋路口
网　　店　http://hdsdcbs.tmall.com

印 刷 者　上海商务联西印刷有限公司
开　　本　787×1092　16 开
印　　张　12.25
字　　数　162 千字
版　　次　2008 年 7 月第 1 版
印　　次　2022 年 4 月第 23 次
印　　数　94101—100 200
书　　号　ISBN 978 - 7 - 5617 - 5958 - 5/G·3450
定　　价　25.00 元

出版人　王　焰

推荐序

　　全腾是今年系上在职进修硕士专班的新同学之一，这个进修专班是本系提供从事教育、心理、咨询辅导、医疗或社会工作等相关现职工作者，一个进修教育心理与咨询领域硕士学位的管道。在新生入学的第一天上课时，我都会照往例先行了解班上同学们白天的职业工作性质，以及以前大学时候相关课程的修习状况，以便适度调整课程的教学方式，让同学的学习发挥最大的效益。不出意料之外，班上同学有八成以上是国中小的现职教师，但其中最令人印象深刻的就是全腾的自我介绍了。一位国中的理化老师怎会想来进修心理与咨询领域的硕士学位？难道是盲目地冲着目前很有人气指数的"咨询心理师"证照报考资格而来？我的心中不免在第一时间产生这样的问号。

　　经过全腾的说明与分享，我才了解全腾教国中理化十二三年了，突然发现自己的化学专业知识似乎已经退化到"中学补习班"的程度，这个发现让他忧心是否还是一位称职的老师，因而兴起了进修的念头。由于对考化学研究所不具信心，而选择报考教育研究所，却在准备的过程中被心理学的行为科学探究强力吸引，最后决定报考心理咨询与辅导研究所，成为本系的在职进修伙伴。这样背景经历的学生对我们来说的确很特别，加上全腾对该班级的互动模式不吝主动提供看法与提议，带动同学的参与力；以及日后对课程所产生的疑惑都会即时以 mail 提问与讨论，让人感佩他对所处情境的投入。

　　不过，当一个月后全腾拿着这份《教师不可不知的心理学》的稿件出现，请我为这本书写序时，我当下愕然，心想："一位国中理化老师，写一本心理学的书……可以吗？"心里一连串的疑惑与不安，却又不敢断然拒绝，怕因自己的冲动而伤害了一位向学学生的心。经过恳谈，知道全腾热爱写作，也曾经出版过一些作品，让我稍微安心些，加上当时认为时限还很宽裕，于是接受了这个写序的邀请。

初期的不安，让我下意识地以忙碌来刻意避免阅读此一稿件，也的确因此忘记此事一段时间。随着约定日期的逼近，我不得不开始正视这个承诺，却也因为自己的不安，使得每次阅读几页，就搁置一段时间，阅读几页，又搁置了。就这样，在不安、履行承诺、后悔承诺与延迟歉咎的循环冲突与拉扯中，让我有了一次好好检视自己状态的机会。

用心阅读一本书那么难吗？当然不难。难的是我已经先入为主地被全腾的非心理学专业背景框住了，限制了我心的视野，所以下意识地认为这文章一定会有不顺畅的地方，一定会有不符逻辑的地方，一定会有误导一般大众的地方。一股担心成为背书工具的心，遮蔽了我阅读的意愿，所以难以用心。

为一本书写推荐序那么难吗？其实不难。难的是我怕有负全腾的邀请（里面包含的是他对我的重视与信赖）；或者我也怕推荐错误，有损自己的专业形象。这些害怕与担心，使我迟迟无法下笔，纵使已经有好几个版本的序言在心中翻搅好几回，我还是无法真正完成。

神奇的是，当自己愿意去面对这些困难、这些不安、这些担心与害怕之后，心境清明了，也能在阅读中真心感受全腾对这个社会与周遭环境的细致观察与分析、对目前校园与教育乱象的担忧与不落人后的正义感，以及试图以心理学领域中经过客观检验的行为科学现象与效应（即"人"的本质）的角度来引领、冲破校园与教育问题的迷思。

特别的是，全腾善用其写作的能力，在几乎每一篇论述之前，先以一段故事或实例来铺陈，来加深读者对这些心理学知识的了解。在我的教学经验中也发现举例是让学生最容易了解概念原理的最佳方式，而故事的架构更能让学生加强记忆（这当然还是有心理学的探究的证实）。我相信以这样的铺陈方式，有助于读者进一步将这些行为科学原理应用到自身的日常生活情境中，也有助于读者对其生活周遭情境的洞察，适度递减过度主观的意识，发展相互尊重的和谐环境。

　　不过，就如同我自己的这一段心路历程，一个人要破除自己的定见与障碍，真的不容易。唯有愿意真正面对自己的不能与不为后，这些心理学知识才能真正有助于各类问题的解决与生活品质的提升。简单来说，在阅读这本书之前，要先放下自己对教育已有的迷思、想法与认识之后，才有可能从这本书中真正得到一些启发与看见，否则充其量也只不过是多看过"一本"书而已。

台湾新竹教育大学教育心理与咨询学系

高淑芳

2007 年 2 月

序

野人献曝

　　该怎么说"我又写了一本书"这个现象呢？我相信一定会跌破所有教过我的老师的眼镜。从小到大，我就不是一个会写作文的学生，更有甚者，作文的分数一向是负责把我的总分往下拉的关键。还好，我并没有因为作文分数低，就相信我没有能力用文字来表达我的想法。不仅是我这个"不会写作文"的人居然写了两本书，连一个化学系毕业的学生居然去写心理学的书这个举动，应该也会让许多认识我的人吃惊（连我自己也很讶异），只好暗自感叹人生的命运真是玄妙而不可测。

　　说是一本谈心理学的书，其实不过只是皮毛而已。教书这么多年，心中累积了无数的疑问，当然不会是自然科学那种一翻两瞪眼的问题，而是人际交往互动的时候，总是会不明不白地达成的"非预期效果"。意外地接触到心理学的知识，就好像牛顿初次见到阳光由三棱镜折射而出、投映在墙上的彩虹一般，我心中的许多疑问终于可以得到初步的解答。只可惜我没有牛顿的才情，没有办法从寝室里意外出现的彩虹，发展出一整套完整的光学理论，不过我倒是很乐意用我"差劲的作文能力"，来表达我所曾经有过的疑问。

　　其实问题被解决也就算了，写这本书有一个很重要的动机。举例说吧，书里面介绍了"习得无助"，当老师的人一定都学过教育心理学，也一定都知道行为主义是什么，或许老师当久了，渐渐地也就忘了它的内容。然而就算是刚毕业的老师，可以很清楚地写下答案："习得无助是指个体长期处在一个焦虑而自觉无法逃脱的环境时，久而久之产生的一种消极心态。"BINGO，答对了！但是这个老师真的能够想象什么是"习得无助"吗？这个老师看到学生的表现时，他可以判断学生是不是已经产生"习得无助"的行为了吗?

　　教书一段时间之后再回去读书,带给我很深刻的体认,因为我终于能了解以前读的书在说些什么,或许这是因为"教育"这门学问必须在真正面对学生之后才能有所感受吧! 大学时读了不少教育学分,当时我可以考八九十分,但是却不能真正了解它在讲什么、到底有什么用。这好像是我们这里教育的一大缺憾,我们的学生并不能有效地把所学到的知识应用在日常生活之中。或许是学习时缺乏经验去体会理论的真正意义,也可能是日后工作环境压力太大,忙得让自己忘了可以应用所学来帮助解决现在的问题(如果还记得学过的知识的话);还有一些根本就直接把理想和现实做切割,认为知识只是"理想状况",根本无法应用于"现实情况"。上述几种情况其实都蛮令人遗憾的。

　　我的另一个动机是想做"翻译"的工作。专家之所以成为专家,是因为他们花了很长的时间浸淫在自己的专业领域之内,只是当他们在那样的学术领域浸淫过久之后,他们的表达方式,也在某种程度上被限制在某一种特殊的形态,而这样的形态却让一般人变得难以亲近,这一点实在令人感到可惜。专家们花了这么多的时间来做研究,却因为"门槛"而让一般民众无法受惠,岂不令人扼腕? 书里的写作方式仅为介绍性质,并没有打算做很严谨的科学论述来证明,目的是希望读者能很轻松地阅读。若是因此而产生兴趣,或许读者可以做进一步的了解。

　　我的职业是国中老师,选择校园里发生的事情来做例子是最方便不过的了。这里还有一点点"阳谋",希望读者借着阅读这本书的过程,可以或多或少地看到学校里都发生了些什么事。大家都说现在老师不好当,老师们的忧郁指数长期处于持续攀升之中,但是老师们到底在忧郁什么呢? 是不是老师们都不够知足? 或只是抗压性太低? 教改应该是失败了吧! 但是教改到底失败在哪里? 现在的校园又是怎么一回事呢?

　　一直以来,校园是一个非常封闭的场所:家长想要关心孩子在校的情形、督学想要了解各校办学的情形、有心人士想要解决升学压力的问题,但是大家都未必清楚了解校园里发生了什么事。连发生什么事都不知道,当然更不用说解决问题的方法了。有一个故事说：某个杀人、抢劫的少年犯被送到法庭之中，法官大人想借机开导一下当事人，苦口婆心地说了好长一番道理，只是少年一点反应都没有。法官急了，问："你到底听懂了没有？"少年淡淡地回了一个字："干。"气得法官只差没有冲下来打人，只是犯人接下来又说："你不过听了我的一个'干'就气成这样，要知道我从小到大都是在打骂之下度过，你连想象都无法想象，凭什么要来对我说道理呢？"

我很不客气地想邀请教育主管部门的官员，或是一些教育的专家学者们，是不是愿意到国中校园里代课一两周（记得不要暴露身份）？或许就能更有效地制定教育政策，也更能看清教改失败的真正原因。此外，我并没有能力把全台校园里发生的所有事详细地摊在读者面前（恐怕每个学校都有很不一样的问题），顶多是一管窥天吧！希望能至少提供一点贡献。

其实，不管教育是怎么一回事，最后还不是要靠"人"来把它实现？教育问题其实就是人的问题，要解决教育的问题，当然要从"人"的角度切入，才能收到事半功倍之效。海德（Heider）曾经提出一套所谓"素朴心理学"（Naïve Psychology）的说法，认为一般人都相信每一个人的所作所为必有原因。因此，当他们观察到某个行为发生的时候，都会试着去解释、了解这个行为背后的原因。这些人并不一定曾经受过科学的训练，这些人也不一定会把自己心中的想法说出来与他人分享，这些人当然不会有时间好好地调查事件发生的来龙去脉，这些人恐怕也不会关心事件的真相究竟如何，但是这些人就是会用一套自己的想法（价值观），去判断他人以及自己的行为。这种判断通常来自"直觉"，结果不幸的，真相往往因此被掩藏在人性的假象之下。

我深知要接受、理解一个理论的门槛很高，所以在本书里，几乎每一篇都先举一个实例，或是说一段故事，希望能帮助读者克服"知识恐惧症"。我是一个没有什么想象力的老师，所以书里面的例子都是我看到或听到的实例。有些读者可能会被里面的例子"吓着"，但是请相信我，我真的已经很"委婉"地叙述校园里的情形了。故事里的校园，大多数仍然有能力分班的问题，请不要误会我在危言耸听。我大胆地说：只要大家对分数的迷思不去，对明星学校的幻想不除，能力分班的现象就不会死，它只会以各种形式存在于各级学校之中。

　　虽然如此，我却想请读者不要去深究故事的真实性，因为我并不想去批判故事里的人物，只是借用这样的例子来做说明罢了。我也希望读者们不要被我的故事所限制住，因为我是老师，用学校的事情来举例对我来说是再方便不过的了，但是书里面所介绍的理论可不是只能应用在教育现场。我相信有人的地方，就一定会出现许多和人有关的问题，希望这本书也能对"非教师"有帮助。

　　让我这个化学系毕业的学生来写这样的一本书，其实自己也感到心虚，就当我是"野人献曝"吧！我希望大家能从对心理学知识的了解开始，进而避免掉一些人性的盲点。

　　最后，如果您是老师的话，请容我建议您把大学或是修教育学课程时所学过的教育专业知识再拿出来复习，相信会有更深刻的体会。大家都说要提高老师的专业地位，但是老师的专业地位在哪里呢？是语文、英文、数学、理化等学科的知识吗？我认为这些东西绝大多数的家长在以前都学过，不应该被称为我们的专业知识。我觉得这几年教师的社会地位会逐年下降是有道理的，因为我们总是把教育专业摆在分数追逐的后面；而提高学生成绩这回事，似乎补习班总是做得比学校好（它们本来就是为了这个目的而产生的行业）。如果学校还一直在钻"分数追逐"的死胡同，老师们也就只好继续忧郁下去了。

目录

♂学习

1. 从众 (conformity)

场 景

　　这一天赖明芳老师在下课后往办公室的方向移动,心里想着:"唉! 连她也沦陷了。以后这个班该怎么上才好?"

　　自从二年级实施分组的制度之后,教英文的赖明芳老师就觉得上起课来很没有成就感。一年级的时候,虽然不知道学生到底有没有听懂,但至少班上大多数的同学都会认真地盯着她看。班上同学成绩有好有坏,不过平均分数也还能维持在五十几分,提问题、讲笑话也都有基本的反应。但是升上二年级之后,学校实施分组教学,赖明芳老师上课的一年级九班在二年级成了 B 组班,成员大概改变了 1/2。刚开学的时候上课气氛还可以,凭着一年级时和同学们建立的深厚情谊,原本一年级九班的成员多数还是很捧场。虽然成绩不怎么样,但是只要上课时的互动还过得去,一切也没什么好抱怨的。

　　随着一次次的段考过后,二年级九班的学习动机就一次次地低落。从开学以来,学生们的眼神慢慢地由聚精会神变得黯淡涣散,目光渐渐地从讲台上的老师移向抽屉里的漫画。剩下少数还想坚持的同学,却感觉自己的头一直在膨胀,膨胀到颈椎已经无法负荷它的重量,必须靠在桌上才能得到舒解。到了二年级下学期,班上还有心在上课的人数已经只剩下个位数,这其中,张子乔一直都是赖明芳的精神支柱。她的英文成绩其实不错,只是受到数学和理化两科的拖累才没有办法被分到 A 组班上课。在二年级九班全班上课意愿低落的情况下,赖明芳几乎只能对张子乔上课了,好像只有她才听得懂,也只有她才愿意听。

张子乔一定也感受到了老师的关爱，特别是当她确定被分到 B 组班的时候，感觉好像遭到全世界的遗弃，这时候还有赖明芳老师这么愿意看重她的存在，让她心里真的非常感动，她也真心地决定要认真地读好英文来回报赖明芳老师的器重。一个学期过去了，她的确表现得很好，就算在 A 组班里，她的英文成绩也绝对能名列前茅，只可惜数学和理化的成绩一直都没有起色，或者可以说是变得更差了（因为读书时间分配的问题）。

二年级结束了，过完一个暑假之后，大家又再度回到学校打算度过国中生涯的最后一年。张子乔打算以同样的方式来面对国三的学习，却发现她的同学好像变了，她不太能理解暑假期间发生了什么事，但是同学们似乎变得有点排挤她。她好不容易才从好朋友慧芸口中问到原因，原来是因为她对读书的积极态度，威胁到班上其他同学的存在。如果大家都不读书，那么不读书就是一个常态，没有什么对不对的问题；可是有一个人这么不合作地想要读书，她的"好"就仿佛是在强调别人的"坏"一般地刺眼。当然，她没有错，班上的同学也不会因此而推她、打她、骂她，但是大家就是自然而然地不太想理她。

听到慧芸这么说，子乔的心里开始感到茫然了。她这个年纪还不太会思考未来，在她心目中冲击的情感，只是"回应明芳老师的期待"与"寻求同侪的认可"这两件事的挣扎。慧芸最后还好心地劝她："我觉得你也不要那么认真了，反正我们只是 B 组班，全校也没有老师对我们有任何期待，而且说实在的，你现在这么拼又怎么样？上不了公立的高中，结果还不是和我们一起在私立高中当同学。"

子乔犹豫了好久一直没有办法做出决定。明芳老师当然在上课的时候发现了她的心不在焉，于是下课的时候，明芳老师特别把子乔找来聊天："子乔，你知道吗？或许你现在是在 B 组班，老师也不敢骗你说只要现在开始认真，一定能考上好的学校。然而，国中阶段只不过是你生涯中的一小段，你以后还有高中、大学甚至研究所可以让你有机会展现你的实力，证明学校现在的分组是错误的。老师相信你有英文方面的天赋，继续努力下去，你一定可以打败现在那些 A 组班的同学。只是如果你在这个时候选择放弃，那么你等于是对那些看不起你的人投降了，难道你真的要让别人的错误，影响到你未来的成就吗？"

得到明芳老师的鼓励，子乔终于又再度振作起精神。没错，同学是一时的，只有自己会永远陪在自己的身边。不管原因是什么，现在不努力，后果只能由自己承担。子乔勇敢地做自己，不去理会同学们的杂音。

三年级下学期，愈是接近毕业的日子，同学们的心情就愈是浮动，子乔的处境也愈是辛苦。老实说，就连子乔最要好的朋友——慧芸，也已经有一阵子没有往来了，她在班上强烈地感受到孤单。每次在看书的时候，心中往往浮现一些讨厌的声音："算了吧！这么认真又有什么意义？增加 3 分、5 分吗？对结果又有什么帮助？看看你身边的同学吧！玩牌、下棋、听 MP3，日子过得多么悠闲啊！反正你们最后还不是会在同一所私立高中，又何必浪费现在的时间呢？放弃吧……"

子乔不想理会心里面那个讨人厌的声音，但是她也不得不认真地面对"孤单"的问题。是的，明芳老师很器重她，甚至其他老师也都觉得她很不错，在 B 组班还能做到这样的坚持。但是她只是一个国中生，她实在是忍受不了被同学隔离的感觉。

子乔终于放弃了，她上课时回避明芳老师的目光，下课时总是在第一时间冲出教室，生怕老师又再找她去谈话。当她开始在上课时间看小说的时候，同学们也开始愿意让她靠近了；当她敢在上课时间把耳机塞到耳朵里听 MP3 的时候，同学们更是主动找她聊天了。最后，她成功地找回朋友，下课时间可以和同学们聚在一起讨论各种无聊的八卦问题。虽然她对那些话题一点兴趣都没有，但是想到终于有同年龄的讲话对象，感觉就安心许多。至于明芳老师，子乔难免会不时地泛起一股歉意，她心想："我毕业之后一定会写一封信向老师忏悔，而且上了高中之后也一定会好好地认真读书，等到我成功之后，我一定会第一个告诉老师这个好消息……"

但是，未来的事谁知道呢？放弃坚持之后，子乔还有未来吗？

故事背后

有一次看电视节目的时候,访问的对象是一个新生代歌手——范逸臣,一个看起来非常斯文,唱起抒情歌曲"I believe"非常动听的歌手。但是听到他说他国中的时候也曾经和同学拿着西瓜刀去找人械斗的时候,我真是吓了好大一跳。根据他的说法,他在国中时因为不喜欢读书,所以没有办法和班上"好同学"那一群人在一起;但是在国中这个环境,若是没有一个团体可以依附的话,是非常危险的事(这或许不是一个客观的想法,但是根据现象学的论述,本来就没有客观这回事,当事人的想法绝对是最重要而唯一的想法)。于是,他靠到了那一群会打架的朋友那一边。当他拿着西瓜刀准备"出征"的时候,他内心充满了矛盾与惶恐,但是,他还是做了……

在心理学的定义里,当个体表现某种行为时,其理由并非自己想做,而只是因为团体里的其他成员都这么做,这样的现象就叫做"从众"。通常是个体在实质或想象上,感受到团体的压力,因此放弃了自己的意见或行为,而表现出符合团体价值观的意见或行为。

阿希(Asch)曾经做过一个有关"长度判断与从众"的实验。他先准备一张卡片,上面画有长、中、短三条线段,并且分别标示为a、b、c,受试者看过后收起来,然后再提供另一张卡片,询问受试者卡片上的线段应该是属于a、b、c三线段中的哪一条? 参与实验的一共有5个大学生,但是其中有4个是捣蛋分子。刚开始,4个人都不捣蛋,大家(包括唯一的受试者)几乎每一题都能答对。但是几题之后,4个捣蛋分子开始故意大声地说出错误的答案(虽然错误,但是4人的答案是相同的),借此观察受试者是否会因此而更改答案?

实验结果发现有1/3的受试者会配合其他4人说出错误答案,也就是发生从众现象;在五次的实验中,更有高达3/4的人会至少从众一次。为什么会发生从众现象呢? 一般认为原因有两个:第一是为求正确。人们通常比较相信团体所提供的信息是最佳信息,为了追求正确,那就听大家的话吧! 第二是遵循团体规范。人们不希望自己被视为特异分子,害怕因此而被疏离,所以不管别人说什么,只要站在多数人的那一边,相对就会安全许多。

赫伯特（Herbert）在研究从众现象的时候,提出从众的历程,认为人们发生从众现象的时候,通常会经历下面几个阶段:

1. 顺从:个人为了避免因为不从众可能会受到团体的惩罚,只好顺从于团体的决定,这个阶段通常是"口服心不服"。

2. 内化:在顺从的阶段中,个人的自尊会受到打击,因为不愿意承认自己居然为了逃避团体惩罚,而放弃自己的想法。于是个体开始相信团体的意见是正确的,开始调整自己的价值观向团体的价值观靠拢,此时,个体已经接受团体的意见或行为。这个阶段已经是"口服心服"。

3. 认同:个体的价值观已经符合团体的价值观。严格说来,此时已经不能称为从众了,因为此时的个体就等于团体,个体所表现的意见或行为,均能符合团体的想法。

有很多人在看待分班/组或是校园暴力的问题时,总是习惯把它看成是一个单一事件来讨论。事实上,隐藏在这些现象之中的"从众"现象才是最应该被注意的议题。

"从众"是一个心理学的现象,本身并没有好坏之分。在上述例子里（分组及校园暴力）,看到的好像都是不好的部分,然而若是我们注意到这个现象,又何尝不能把它引导到好的一面呢?老实说,我们现在的教育似乎都倾向精英教育,眼中只有前三名,学力测验也只能看到 PR 值在 90 分以上（有希望考上第一志愿）的同学。个人以为,精英教育应该是个别家长需要关注的教育方式,但是国家教育应该以全体学生的最大利益来考量。

学校在每一次的段考之后,都会利用升旗的时间做各班前三名的颁奖,这真的很花时间,而且往往耽误到第一节的上课时间（至少是上课前的休息时间）。可是教务处说让同学上台领奖,可以对全校的其他同学起激励的作用,所以坚持继续做下去。真的有效吗？考试前三名的同学又不是"众"，怎么能够引起其他同学的效法呢？

我觉得人心是复杂的，其复杂的程度应该远超过世界上的任何一座迷宫，所以就让我们用迷宫来做解释吧！大多数的迷宫都可以在入口处看到终点，这样才能让我们在心底有一个"正确的方向"可以依循；但是如果直直地往终点前进，我几乎可以保证一定走不到终点，要不然还算什么迷宫呢？相同的，希望学生读书吗？拿着棍子逼他坐在书桌前盯着书本看是一个方法；有一些老师喜欢把学生在下课或放学时间叫到办公室来看书，这又是另一个方法。不过这些方法都太直接了，就好像走迷宫时直直地往终点走。或许，这些人手上有一把开山刀，可以狠狠地砍出一条路来，但是这样太容易失败了，也不符合教育的精神。

我在和学校老师聊天的时候，发现某个老师谈起教育目的时，讲得头头是道、振振有词，我在一旁听着也不断地附和点头，但是谈到任何达成目的的方法时，我就不敢苟同了。他谈到孩子们应该要培养未来的竞争力（用力点头），所以要加强课后辅导（用力摇头）；他说学力测验很重要（轻微点头），所以平时就要多做模拟考、复习考（拼命摇头）；他觉得孩子要培养挫折容忍度（认真点头），所以平常就要多施加压力让他们习惯（死命摇头）。我觉得像这样的推理都太过简单、太小看教育这回事了。难怪家长们都看不起老师，因为这种推论随便哪个家长都做得到，又何必要老师来教呢？

教育要从多数人着手，然后让这多数人自然发挥他的影响力，让少数人不自觉地想要跟随。然而，要如何才能够影响这多数人呢？我曾经在《逃学老师》一书里提到"团体"的观念，也提到领袖的角色如何在团体里扮演着引导流行的角色，简单地说，还是一句话："站在学生的立场来带领学生。"我恨死了有一些人会说："我这么做都是为了孩子好。"我很想问这些人凭什么决定什么才是"好"或"不好"？有什么权力可以把自己的价值观强加在孩子的身上。就因为孩子不懂事吗？那么又做了多少的努力来让孩子懂事呢？还是觉得不懂事最好，这样就可以尽情地操纵他们。

　　因为"从众"的现象，我想呼吁大家看事情的时候，不应该只是看到表面，而应该去思考背后的原因。就像一开始举的例子，子乔在最后关头放弃了，如果只能看到"又一个学生堕落了"，那么接下来就只会看到第二个、第三个、第一百个、一千个。又像是国中时代的范逸臣，假设他真的被警方逮捕了，大概会被留在看守所里待几个小时等家长领回吧！但是若不能理解他心里的挣扎，只懂得把他们"集中"在一起处罚，岂不是更加深他往那个团体靠拢的决心，这又是我们真正想要的结果吗？

2. 单纯曝光效果 (mere exposure effect)

场景

　　我有一个学弟很可爱，人长得普普通通，身材也是瘦瘦小小，听他在讲话，一大堆天马行空的鬼点子层出不穷，但是看他的行事作风，就知道他从来没有胆子去从事任何一个他想到的念头。我讲的鬼点子，主要是指交女朋友这回事。在读大学的时候，谁不知道爱情、社团、功课三个必修学分，少了一个就是自己大学生涯的一份缺憾。对我们这些师范大学的男生来说，功课从来就不会是大问题；社团也往往只是看自己要不要投入而已；只有爱情这一项，大家可说是既期待又怕受伤害，所以这也是我们在男生寝室里，最常聊到的话题。

　　说起我这个学弟，应该算是怪人一个吧！如果我问各位读者：一间寝室里4个人、4张床，在就寝前每张床上都躺了一个人，但是天亮起床的时候却只有3张床上有人，大家会怎么猜答案呢？原来是有一个人半夜爬起来躺在书桌上。请注意，不是趴在书桌上睡哦！而是整个人蜷曲起来躺在书桌上。不用说，那个人当然就是我的学弟。那时候他迷上《歌剧魅影》，中广大约凌晨1点30分播出，所以他会准时爬起来听，然后就懒得爬回床上，直接在书桌上睡到天亮。像这样的人，居然还可以号称是系上"发生艳遇"的第一名，一定跌破大家的眼镜吧！

　　其实他所谓的"艳遇"，在我们看来只不过是一场误会，反正他喜欢自我陶醉，我们也不忍心真的去戳破他的幻想，在穷极无聊的宿舍生活中，能够增添一些话题总是好的。就以4月17日那一天来说吧！大家在寝室里打桥牌等着晚餐时间的到来,正好遇上他满脸通红地回到寝室。从经验来看,我们都知道他"又"发生艳遇了,赶紧叫他老实招来。

在这里必须先交代一下学弟的背景。他是一个转系生,二年级才转来我们化学系,所以有一些一年级的课他必须找时间补修,但因为上课的时间互相冲突,造成他的部分科目(大多是通识科目)只好到别系上课。说起来是心不甘情不愿,但是我们看他根本就是乐在其中,因为他大部分都是跑到国文系或英文系上课,司马昭之心,路人皆知。好了,那一天,他从国文系下课,天空忽然下起一阵大雷雨,他站在国文系馆的中庭,烦恼着要怎么样才可以在校园里的各种掩护之下,以最少的淋湿面积,顺利地回到男生宿舍。

就在这时候,旁边撑起了一把雨伞,有一个甜美的女生的声音对他说:"你忘了带伞吗?我送你回宿舍好了。"学弟就这样腼腆地让一个女生送回宿舍。说到这里,我们寝室里的所有人都兴奋了起来,大家七嘴八舌地讨论着:

"然后呢?接下来发生了什么事?"

"没事啊!接下来我就上寝室来了啊!"

"哇!那,那个女生叫什么名字?住哪一间寝室啊?我马上来安排寝室联谊。"

"不知道耶!我又没有问她。"

"天啊!怎么会有你这种猪头,那她长得怎么样?该不会是很抱歉,所以你就不想问了吧?"

"我也不知道耶!因为那时候我很紧张,所以从头到尾只有盯着两个人的脚,她穿白色的凉鞋,脚趾头还不难看啦!"

"哇哩咧!从国文系馆走过来至少要 15 分钟,这中间你们都在聊什么啊?"

"没有聊什么啊!我又不敢问,她也没多说话,所以我们就静静地走在雨中。她送我到宿舍后就走了,后来我想到要说谢谢的时候,她已经离开五步左右,所以我只有看到她的背影。"

"……"

看吧!这就是我学弟。不啰嗦,像这么不识相的学弟,当然是狠狠地被我们揍了一顿,哪有人把这种遭遇称为"艳遇"的? 慢慢地,当我们其他人都开始交女朋友的时候,我们其实也很为他的未来担忧,不知道他能不能顺利把自己推销出去。几年后,我们收到他的喜帖去吃他的喜酒,看到新娘子的时候都吓傻了眼。新娘子很漂亮,而且不是那种靠化妆的,而是真的很漂亮,我们要很努力才能把那句"一朵鲜花……"的谚语吞进肚子里。大家免不了开始问他是怎么把这么漂亮的小姐"骗"到手的。

他说新娘是一间水果店的员工,而水果店就在学校附近。那时候学弟刚出来教书,学校里的老同事特别喜欢帮年轻的老师做媒人。有一次,某一个老同事出来买水果的时候,看到这么漂亮的小姐,就兴起了把她和学弟凑合在一起的念头。刚开始还只是半开玩笑的性质,老同事硬拖着学弟到水果店买水果,结果学弟对她也是一见钟情。可是像他那种色大胆小的人又能够做什么呢? 于是学弟三不五时地到水果店买水果来请办公室的同事吃。虽然小姐会很热心地和学弟寒暄几句,但是害羞的学弟每次的答腔大概都只有"嗯!""是啊!""大概吧!"这类的发语词。事情过了大半年,水果钱花了数万,唯一得到好处的大概只有水果店老板和办公室里的同事吧! 两人的关系几乎完全没有进展,看得老同事们大摇其头,都觉得学弟真是"朽木不可雕也"!

关键的日子是一个很普通的一天,学弟又来买水果了。兴高采烈地选了一袋葡萄要来称重,却发现美丽的小姐神色抑郁、双眼微红,学弟虽然老实倒还没迟钝到瞎了眼,可是笨拙的他又说不出什么安慰的话,随手把刚买来的音乐CD拿了出来,说:"这个很好听哦,送给你!"转身就走了。不知道这算不算是音乐的魔力,总之他们的关系从那一天开始有了变化,过程就不再详述,反正结果大家都知道了。但是在场的我们听完他们的故事之后,仍然感到非常好奇,难道交女朋友是这么容易的事吗?

故事背后

交女朋友当然不是一件容易的事,不过在数年后,当我知道"单纯曝光效果"的时候，忽然觉得多年的疑惑算是可以得到某种程度的解释了。在此要先严正声明，本文并不是要教大家如何追男朋友或女朋友（当然，若是读者因此而成就一段良缘，我也很乐意就是了）。我只是想到，单纯曝光效果或许可以应用在教育情境之中。

扎荣茨（Zajonc）曾经做过一个有趣的实验。他让一群人观看某校的毕业纪念册，并且肯定受试者不认识毕业纪念册里出现的任何一个人，看完毕业纪念册之后再请他们看一些人的相片，询问在这些相片中，喜欢哪一个人？结果发现，在毕业纪念册里出现次数愈高的人，被喜欢的程度也就愈高，他把这个现象称为"单纯曝光效果"。本实验显现，只要一个人、事、物不断在自己的眼前出现，自己就愈有机会喜欢上这个人（或事、物）。

做商业广告的人对这个现象一定不陌生。事实上，可口可乐公司还曾经做过这样的广告，它要求电视台在节目进行的过程中，很快速地闪过几个字："我很想喝可口可乐！"速度快到电视机前面的观众几乎没有人可以辨识出来，但是很神奇的是，观众有很高比例在看完节目之后，忽然觉得自己很想喝可口可乐，而且真的会跑到楼下的商店买可乐。虽然他没有意识到那些字的内容，但是潜意识却已经把它印下来了。这个方法很快就被美国政府禁用，因为这样涉嫌欺骗，不过这个理论也因此被广为应用。我们发现有一些广告根本看不出它和产品有什么关系，但是没关系，只要它曝光次数够多，一样可以让产品热卖。

网络商机也一样，所以各网络从业者都希望能够成为客户端的入口网站，这表示会有很高的曝光率，电脑一打开就可以看到它的存在，当然也会造成广告主愿意买广告的主要动机，增加广告收入。连书籍的热卖也和它有关系，各大书局都会在入口处设置畅销书排行板，多数逛书店的人也都会先在这边稍微进行浏览。有一次，在电视上看到蔡康永在访问一位第一本书就成了畅销书的作家，他说他很担心自己的书卖不好，常常会在各书局，偷偷地把他的书放到畅销书区。这位作家当然只是开玩笑，一两家书局改变位置不会有热卖10万本的佳绩，人家真的是靠实力的。

我相信我的学弟并没有那种心机，故意去用这样的技巧，但是在无意间，因为他太常出现在对方面前了,某种程度提供了对方一种安全感,使对方相信和学弟在一起是很安全的事。基于当时发生了一些事情,让女主角忽然对安全感的渴望倍增,于是学弟就这样"赚到了"。我记得我国中的时候,有人教我追女朋友的方法:每天提早到学校,然后放一张内容完全空白的卡片在喜欢的女孩子的抽屉里;慢慢地在卡片上添加一些赞美的句子,持续一段时间后停止;然后观察女孩子是不是产生不安的感觉,如果是就可以送上一张签名的卡片,以后就可以顺利交往了。理由是女孩子会不安是因为她已经习惯了收到卡片,这就表示你已经在她的心中有了一席地位了(不过这个方法不适用于成年女性,这些女性不会像国中女生一样单纯、容易受骗,只会觉得遇到变态)。

不小心又开始教大家交女朋友了。言归正传,让我们回到校园里吧!有没有人想过,为什么"导师"对学生会这么重要呢?有些艺能科的老师说他很委屈,明明是班导,可是一个星期只有一堂美术课,要怎么进行班级经营呢?事实上,虽然他一周只有一堂课,但是他在学生心目中的地位仍然比那些每周有四堂课的英文、数学老师还重要。为什么?因为他有奖惩的权力吗?我认为不是,而是因为每天都有早自修、午休的时间,导师每天至少要和学生见两次面,完全符合单纯曝光效果。

另外,或许有些导师可能会因某个现象而感到气馁。因为和某位导师比起来,明明自己在自己班上的课比他在他班上的课还多,做起班级经营的时候也比他积极许多,办了更多活动、考了更多试、和学生有更多的互动,这不是表示他和学生有更高频率的接触吗?理论上,他应该受到学生更高的爱戴才是,但为什么好像那个在班上什么都不管的导师,学生反而更喜欢他?

这里必须提及单纯曝光效果的限制。它其实没有那么"单纯",其中至少还有以下三点需要特别注意:

1. 一开始就让人感到厌恶的事物,无法产生曝光作用。

2. 如果两个人彼此之间已经有一些冲突,或是性格上本来就不合,愈常见面反而愈扩大彼此的冲突。

3. 过多的曝光会引起厌烦。

不管是老师在教育学生，或是家长在教育孩子，我其实都很想强调一个观念：如果不是很清楚而有把握地知道自己正在做什么，做这件事会有什么样的优缺点，我会倾向鼓励老师及家长们，与其多做一事，不如少做一事。要求愈少，我们与孩子的关系就会愈"单纯"，那么就愈容易发生"单纯曝光效果"，也就是愈容易让孩子愿意和我们亲近。

我把这篇文章放在《学习》这里，是因为我觉得这个现象除了无意间会在班级经营里发现之外，或许还可以特意地把它应用在学习态度上。就好像刚刚提及可口可乐的例子一般，与其长时间而集中时段地打广告，倒不如把时间缩短，然后让出现的次数增加。以数学或英文这两科普遍令人讨厌的科目来说，强迫自己每个星期日在书桌前把这个星期所教过的单词背完，或是把数学习题做完，通常只会加深对这两科的厌恶，就算勉强背下来了，大概也很容易就会忘记。

应用单纯曝光效果，我们可以要求孩子每天花一些时间来背英文单词、做数学习题，时间不要长，只要养成保持接触的习惯就好。所谓的接触，其实也不一定要限定在课本的知识，英文还可以通过看英文电影、听西洋音乐、看英文杂志、玩英文游戏等方式进行；而数学也可以参考坊间许多玩数学的书，或是其他和逻辑训练有关的游戏（例如数独），都可以让孩子很中性地感受到这些学科的乐趣及重要性。若是孩子在一开始就已经对这些科目感到厌恶，那么安排接触的时间以及频率都应该少一些，等到习惯以后再慢慢增加。另外，若是每天都接触会有压力，或许也可以考虑两天才接触一次。

其实，会对英文或数学感到厌恶，通常都不是来自这两个科目本身的因素，而是因为考试考不好，可能被比较、被处罚，才会造成孩子心目中的不愉快。若是把这一层因素拿掉，让英文、数学等科目就只是一个单纯的学科，那么只要持续接触，一定会开始对它产生兴趣。

3. 模仿 (modeling)

　　模仿是大家都很熟悉的观念,中国人一直都有"身教重于言教"的说法,其实也就是在强调孩子的模仿能力。像这么通俗的观念,又有什么好说的呢? 其实正因为它太过通俗了,往往让人们把"熟悉"误会为"了解",以为自己清楚模仿是怎么一回事,反而忽略了其中一些需要特别注意的细节。不过它因为太普遍了,所以本文并没有另外做故事的铺陈。

　　美国斯坦福大学教授班杜拉(Bandura)曾经做过一个小实验,他让三组儿童分别观察一段影片:前半段都是一个成人正在对一个充气的人形玩偶拳打脚踢,但是在后半段中,a组儿童看到这个成人受到惩罚;b组儿童看到这个成人得到奖励;c组儿童则没有看到这个成人有什么好或坏的结局。影片看完之后,实验者分别把这些孩子带到一个房间中,房间里有很多玩具,特别是一个橡皮假人的玩偶摆在中间显眼处,然后让孩子自己在房间玩耍。结果发现,a组的儿童对橡皮假人表现粗暴行为的次数最少;其次是c组儿童;至于b组儿童,则根本就是卯起来打。

　　班杜拉根据上述的实验提出社会学习论,意指"学习者在社会情境中,会经由观察别人行为的表现方式,以及行为的后果(奖励或处罚),间接学习到是否要表现某一个行为。间接学习的过程称为模仿(modeling),而模仿的对象则称为楷模(model)"。除了模仿的观念之外,班杜拉进一步提出,在观察学习的过程中,个体会经历四个阶段:(1)注意(attention):个体观察到某个行为,并且以自己的想法来解读这个行为;(2)保持(retention):将某个行为经过内在编码之后,存在自己的记忆之中;(3)再生(reproduction):将自己记忆之中,楷模所表现的行为,用自己的方式表现出来;(4)动机(motivation):当行为习得之后,会在日后适当的时机,主动表现出来。

如果我们把模仿当成是一个学习的历程,那么其实在第三个步骤(再生)的时候,个体已经学会了楷模的行为。但是班杜拉特别强调了第四个步骤,因为动机代表个体对所学习到的行为的认同。很多人常忘记第四个步骤的主动性,总以为学会了就要表现出来,却没有想到"会了"和"愿意表现"根本是两回事;如果没有足够的动机,就算会了也不见得愿意表现。我曾经遇到过一位学生,他的英文程度其实不错,但是每次考试的时候,英文总是随便写一写就交卷了。我是在一次闲聊的时候(他来问我理化题目),意外发现他的英文不错,就问他为什么英文成绩总是这么差呢? 他说他很讨厌他的英文老师,所以不想认真考一个好分数,好像是英文老师教得很好似的。还说反正到最后学测的时候再表现就好了,学校成绩又不算什么。我在猜想,如果一个学校经营不善,校长、主任要指责老师不认真的时候,是不是也要检讨一下可能因为自己做得不好,让老师们不想好好表现。

"会了就应该要表现出来",这是一个常见的迷思概念;反过来说,"没有表现出来就等于不会",则是另一个错误的迷思概念。班杜拉的理论引出了另一个很重要的观念——潜在学习(latent learning)。布罗杰特(Blodgett)曾经以白老鼠为对象进行了一个实验,训练白老鼠能在迷宫中循正确路径走到终点。

实验分成三组,第一组白老鼠实验前不喂食,到终点后给予食物,每天练习一次,平均表现到第 7 天时,白老鼠可以顺利通过迷宫。第二组白老鼠则是前两天在实验前喂食,走到终点后不提供食物,但是第三天开始,改成实验前不喂食,在终点处提供食物(与第一组相同)。结果发现,前两天的练习几乎没有进步,反正实验前就吃饱了,而且终点也没有食物在等它,干脆在迷宫里随便乱逛就好。但是从第 3 天开始,白老鼠要认真找路了,因为肚子很饿,而且要到终点才有东西吃。结果发现进步迅速,到第 7 天的时候,表现与第一组相同,感觉好像比第一组厉害,因为它们只认真了 5 天。

第三组的白老鼠连续 6 天都在实验前喂食,终点不放食物,任凭白老鼠在迷宫中散步,从第 7 天开始改变形式;结果发现白老鼠在第 9 天的时候就可以达到顺利通过迷宫的表现,好像又更厉害了,因为它们好像只认真了 3 天时间。然而这三组的白老鼠都是同一批,不应该有智力上的差异。布罗杰特对此的解释是:在第二组及第三组前半段的实验中,虽然表面上没有发生学习,但实际上仍然对白老鼠产生影响,就看有没有动机让个体表现行为罢了。

有些老师可能会对自己认真教学之后学生的表现感到失望;也有一些老师对现在的教育环境感到灰心,根本不可能教给学生什么正确观念。其实,凡走过必留下痕迹,老师在现阶段的努力,或许学生在主客观的因素下没有办法表现出来,但是这些努力已经对学生造成了影响,只要日后时机成熟,学生就会证明老师的努力没有白费。当然,这个时候老师可能不会知道,但是我相信老师们应该可以做这样乐观的期待。

再回到模仿学习。虽然学习是由模仿而来,但是很显然地,在同样的情境中,并不是每个人都会产生相同的观察学习。那么,哪些条件会影响观察学习呢? 想要以身教来影响学生的老师或家长们,或许应该注意班杜拉曾经提出的六点原则:

1. 楷模与学习者,在人格特质上相似(人格特质包括年龄、性别、家庭背景、学业成就等)。

2. 在学习者心中,楷模的角色就像偶像一般值得崇拜。

3. 楷模的行为明确,让学习者可以清楚认定。

4. 楷模所表现的行为,有明确的行为后果。

5. 学习者表现模仿行为之后,能够得到增强。

6. 楷模所表现的行为,在学习者能力所及的范围之内。

楷模具有上述愈多的特点,愈能够引起学习者观察学习(模仿)的动机。由上述六点,进一步来分析学校内的现象,或许可以破除我们些许的迷思。

大家都知道身教的重要,绝大多数的老师也愿意以身作则,希望学生从他们身上学到正确的人格特质,但是结果总是令人失望。可能原因如下:

1. 老师的年龄显然不同于学生,不符合第一点。

2. 老师可能不是一个值得崇拜的角色。回想以往的作文题目:"我的志愿",统计结果可能是"当老师"会得到冠军,这是因为以前的老师有绝对的权力、崇高的地位,但是现在,我已经不只十几次听到学生用同情的口吻对我说:"现在当老师真辛苦!"如此,何必学习老师的行为呢?

3. 因为电视、网络的泛滥,以及过度呵护的问题,我发现现在的学生对生活周遭的观察能力变差了,于是老师的行为可能根本没有被注意到。

4. 不知道从什么时候开始,冷漠成了散播在每个人之间的常态性病毒,所以我们所表现的行为,不管好坏,似乎都没有人关心。做好事没有人鼓励,做坏事也没有人责备,既然什么事都没发生,学生也就不知道学习这些行为有什么意义了。

我想要单独把注意事项的第五点提出来讨论。是的,当学生开始对楷模进行模仿学习的时候,一定要记得提供所谓的增强,但是增强包含外在增强以及自我增强。外在增强就是所谓的奖赏,可能是实物的奖品或是我们精神上的鼓励与肯定。对于年纪小的孩子来说,因为他们比较重视感官的刺激,所以外在的奖赏可能多以实物为主;但是随着年龄的增长,就应该尽可能地减少实物奖品,转而教导孩子去感受精神上的肯定;更进一步,让孩子能够学会自我肯定,让他在工作的时候,是为了追求自身的成就感,而不是一直停留在外界的酬赏。这绝不是要师长们省下买奖品的钱,而是要鼓励孩子往更成熟的心态发展。

最后,不少人担心班上或者学校里的一些行为偏差问题,会有扩展的危险,因为其他学生也会开始模仿。其实在正常的情况下是不会有扩展危险的,因为这些行为通常会得到被惩罚的行为后果,因此不值得学习。除非,行为后果不够明确,让其他人觉得犯错几乎没事一样。也有可能是在处理事情的过程中,把这些同学塑造成"勇于挑战权威"的英雄,那么就可能会让其他同学起而效尤了,这是值得警惕的现象。

4. 跛足策略 (self-handicapping)

场 景

　　在教室里，大多数的同学都在埋头苦读，准备着下一节要考的英文。孙珊如维持同一个姿势过久，所以把头抬起来活动一下，顺便看看其他同学的情形。左顾右盼一番，看着大家一副愁眉苦脸的样子，让她感到安心了一些。昨天很认真地看到晚上 12 点多才睡觉，可是好像还是没有什么信心，看大家似乎也都还没有准备好，她不禁偷偷地笑了一下。这时候，她的眼角扫到坐在她左后方三个位子的江纯佑，咦！他的表情怎么好像不太一样？没有其他人那种紧张的感觉，稍微把头抬高一点再好好地侦查一下，什么！他竟然在看《魔戒》，下一节要考英文耶！这家伙还有时间看《魔戒》？

　　孙珊如用手肘轻轻地碰了坐在她旁边的谢轩志，"喂！你有没有看到？江纯佑在看《魔戒》耶！"谢轩志回头看了一下说："那家伙八成是头壳坏了，昨天还打电话来约我一起玩线上游戏，我当然是没有理他。不过不知道他昨天晚上有没有真的玩？"孙珊如又回头看了江纯佑一眼，心里想着："看情形，这一次他真的是不打算准备了，那我应该可以轻松获胜了吧！"

　　孙珊如和江纯佑两人总是互为班上的第一、第二名，到了三年级之后，孙珊如更是把击败江纯佑视为主要目标。看江纯佑这么"堕落"，虽然心情轻松了不少，但是好像也有点失落，像这种对手，赢了好像也没有太大的成就感。考完英文，孙珊如详细地检查了考卷，估计应该有 92 分吧！她不经意地绕到江纯佑的身边，然后问他："喂！你觉得这次的英文怎么样？真是的，老师干嘛出这么难啊？害我大部分都不会写。"江纯佑说："唉呀！我也是都不会写啊！这阵子都忙着在玩线上游戏，差点就忘记今天要考英文了。"孙珊如心里暗爽，口中却不动声色地说："完蛋了，万一考不及格，不知道要怎么挨老师的骂了。"

回到家，难得明天没有考试可以稍微休息一下。孙珊如打开电视，画面里是一个要参加歌唱比赛的女生，正在接受主持人的访问："……其实我今天的状况不太好耶！这几天刚好不巧感冒了，希望不会影响到等一下的表现……这是我第一次参加歌唱比赛，真的觉得好紧张哦……"开始唱了，孙珊如一点都感觉不到她的紧张，也听不出她现在正在感冒。老实说，孙珊如觉得她表现得还不错，至少比自己好太多了。来了！接下来是评审讲评："……刚刚叶小姐提到会紧张，其实对于第一次进摄影棚的人来说，紧张绝对是难免的，然而这也刚好是我们要评的地方，若是不能克服这样子临场的压力，想当艺人根本是不可能的梦想……其中有几处的高音似乎有点干涩，刚刚叶小姐也说了，可能是因为感冒的关系，但是这是一个歌唱比赛，我们只能以现场的表现来评分……整体表现不错，相信叶小姐在状况好的时候，表现一定能够更为杰出。"

还在看节目，旁边妈妈和陈阿姨讲话的音量忽然提高了几度，吸引了孙珊如的注意力。"真的啊！恭喜，恭喜！你们家巧昀还真是优秀啊！不是听说她都一直在打工吗？一边读书、一边工作还能顺利考上研究所，真是太了不起了。""就是啊！这个小孩就是不听话，我都告诉她要先以学业为重，反正家里又不是负担不起她的学费，只是这孩子硬是说要体验生活，说什么都不想把工作辞掉，专心准备研究所。还好考上了，要不然我一定要好好地说她一下。"孙珊如看了陈阿姨的表情，怎么看都不像是生气的样子，两个笑眼弯得就像弥勒佛一般。

算了，听她们在谈这种话题，说不定待会儿就会把她扯进去，还是赶快回房休息好了。睡前又看了一会儿书。隔天一到学校，孙珊如就急急忙忙地找英文老师要成绩，可是老师要搞神秘，只说到英文课的时候自然就会公布。唉！只好耐心地再等三节课了。终于到了英文课，老师面无表情地走进教室，拿起考卷就说："你们这一次考的是什么成绩啊？我只不过稍微做了一点点的变化，怎么你们的脑袋连转个弯都不会呢？跟你们强调过多少次了，时式一定要注意，明明题目出的是过去式，还有一大堆人在答案选现在式；翻译第二题，你们连过去分词都不背，那还要写什么过去完成式呢……还好，班上还有一些同学在帮你们撑场面，要不然这次班上的成绩根本是惨不忍睹。好了，等一下叫到的同学到前面来拿考卷。孙珊如，94 分……"

孙珊如站起来，在全班同学的鼓掌声中，步伐轻盈地往讲台前进，鞠个躬拿回考卷之后转身要回座位，背后老师继续念："江纯佑，92 分。"同学们爆起如雷的掌声，不知道是不是错觉，好像比她这个第一名的掌声还要更加热烈。孙珊如心里想："不会吧！江纯佑不是打算放弃这一次考试吗？考前不是还在看《魔戒》吗？怎么还能考 92 分，虽然还是输给我，但是我可是拼死拼活地才拿到这个分数，他居然随随便便就拿了 92 分？"

孙珊如的笑容渐渐消失，看着江纯佑从他的位子上站起来，右手还举起来搔搔脑袋，一脸不好意思的样子，看起来真是非常刺眼。孙珊如又想："可恶！亏我昨天还特别找他确认，他还说他都不会写，根本是大骗子一个，以后绝对不能再相信他了。"（可是孙珊如自己忘记了，她昨天也说她可能考不及格，原来她自己也是一个骗子……）

故事背后

所有同学一定都有这样的经验，考试前到处问人有没有准备？然后对方一定说他都没有看书，这次考试一定是死定了；考完试后再到处找人诉苦："这一次考得好难，自己都不会写。"然后对方也一定说："我也一样耶！"多数同学可能是自己真的考差了，想要借由别人说他也不会写来缓和自己失落的情绪，可惜别人只是对你说客套话，最后发现对方根本考得很好，可是自己真的考得很差的时候，心里面一定会恨得牙痒痒的。

人们普遍会运用这种小小的狡诈，这可是做过实验证实的哦！柏格拉斯（Berglas）曾经做过一个"作业表现与药品选择"的实验。他先告诉受试者有两种药丸可以选择，红色药丸可以增强自己的能力，蓝色药丸则会降低自己的能力，然后请他们完成一些工作。实验结果发现，若是受试者被要求的是一个困难的工作，多数人会选择蓝色药丸（降低能力）；反之，若是简单的工作，多数人则选择红色药丸（增强能力）。这个结果和我们的想象很不一样。

为了维持自己的自尊，正常人不太能够接受"失败"的事实，所以在追求目标的过程中，往往会故意设下一些障碍，如果还是成功了，那么表示自己的能力果然很好；万一失败了，就可以把失败的原因归咎于自己所设下的障碍，避免直接承认自己的能力不足。在上述实验中，当面对一项困难的工作时，受试者可能预期他不会成功，所以选了蓝色药丸，如此他等一下就可以把失败的原因说成是受到药丸的拖累。而面对简单的工作时，因为工作本身就已经简单了，万一失败不就更糟了，为了确保万无一失，还是吃个红色药丸好了。

在一开始的故事中，总共有三个人选择了这样的方式来维护或提高自尊。在此要特别强调的是，待会儿的分析可能会让人觉得当事人怎么会这么有心机？但是对当事人来说，他其实没有想太多，只是想让自己"更快乐一些"罢了。

首先是江纯佑，表面上好像对考试很不在乎，不过以结果来看，92分绝对不会是什么随随便便的分数，否则就真的太气死人了。这时候再回过头来看他考前的动作，他或许在与孙珊如多次的竞争中，察觉孙珊如不是一个可以轻松击败的对手。既然在实力上未必能够取胜，不如另辟蹊径，创造一些假象来为自己得到比分数高还要更高的荣誉，所以他打电话给谢轩志，邀请他一起玩线上游戏，说不定他早就猜到谢轩志不会答应了，这么做只是在制造新闻。就算谢轩志答应了，反正江纯佑可能已经准备得差不多，就算真的陪着玩两三个小时也无所谓。再来就是在考前看《魔戒》这个动作，老实说，有点太做作了，我就是根据这一点来判断他是在演戏。不过他很成功，所以虽然输了两分，还是赢得多数同学的掌声，而且活生生地把孙珊如努力考到第一名的荣耀给削减大半，所以孙珊如最后给江纯佑的评语可真是一点都不冤枉。

再来是电视上那位参加歌唱比赛的叶小姐，做这个动作的人其实可多了。大家可以回忆曾经听过的一些演讲，演讲者一上台可能就会先说："最近比较忙,可是主办单位一直邀请我来演讲,实在是盛情难却,只好硬着头皮来献丑……""其实我也没有什么过人之处,在此只是做一些经验分享……""前些天刚好感冒,所以准备可能有一点不够,请大家能多多包涵……"诸如此类的场面话,当然可以把它视为演讲者的"谦虚",但是在谦虚之外,它也具有"预设下台阶"的功能:我都已经先说了,所以待会儿大家若是对我的表现不满意,请记得那不是我最好的表现,所以不要急着把我这个人完全地抹煞掉。

最后则是那位陈阿姨的女儿,明明要面临研究所考试了,仍然不愿意辞掉工作专心读书,不过故事里的信息太少,没有办法判断她是否用了跛足策略?说不定她真的是非常喜欢那份工作,或是对整个时间的安排很有把握。但是用这种策略的人其实大有人在,特别是考研究所这么困难的工作,就算全心投入也未必一定能够成功,到时候失败了该怎么面对自己呢?因为"努力"的因素已经无可挑剔,难道要把失败归因于"无能"吗?这可是对自尊的一个非常大的打击呢!此外,若是在分心的状况下,还是能够考上研究所,那么最后所获得的喜悦,也绝不是"只有考上研究所"可以形容的。

上述三个人都使用了"跛足策略",然而我不认为他们自己真的意识到自己正在使用这个策略,这也成了使用这个策略的最大缺点:"如果当事人忘了使用某项策略的目的,那么很容易让策略本身变成目的。"举例来说,学生面对考试最有意义的做法当然是要多用功,但是有些学生太迷恋上述的策略,结果完全不打算认真读书,反而在考试前就先认定自己一定会考差,然后在事前就先准备好所有可以准备的借口,像这样的心态当然是很不健康而不可取。

总而言之,自我设障的表现方式可能是在行为上设下真正的障碍;也可能只是在口头报告的时候,虚构一些不相关的情节,目的都是为了替自己主要的工作表现做掩护。它本身没什么不好,其实是一种心理的防卫机制,保护自己的自尊不至于受伤太多(运气好还可以为自己赢得多一点的自尊)。但是如果我们没有意识到它的存在,往往会变得过于依赖,反而限制了成长的动力。要知道"失败为成功之母",但若是一直逃避失败,成功也就变得遥遥无期了。

5. 过度辩证效应 (over justification effect)

场 景

有一次下课时,正要回办公室休息,后面忽然有学生把我叫住。

"老师,等一下午休的时候,我和温明浩会比较慢进教室哦!因为我们两个人要到传达室拿饮料。"说话的人是汤钧伟,班上一个很热心的小男生。

"好啊!这次又是哪一个人要请客了?"我轻松地回答。

"是田惠芳老师啦!她说我们班这一次国文的段考分数只要赢过七班,她就要请我们全班喝饮料。结果真的赢了啊!我们就要求田老师要遵守诺言。老师你最抠了啦!都不会请我们喝饮料。"

"哈!哈!那也要看你们的表现啊!你们又没有什么特殊表现,我为什么要请你们喝饮料呢?考试分数不好看,整洁、秩序也没得奖,这样也好意思来找我要饮料喝?"

"如果你先说好要请我们喝饮料,那我们就会好好努力了啊!"

"好!好!段考已经来不及了,但是如果你们连续三周都拿到整洁或秩序的比赛冠军,我就请你们喝饮料。"

"连续三周太困难了啦!改成一周怎么样?如果下一周我们班上有得奖,那你就要请我们喝饮料。"

"一周太容易了,好吧!只要连续两周我就请你们,这样够意思了吧!"

"好,一言为定!不过先说好,我可不要喝那种特价的 10 元珍珠奶茶,我要喝焦糖布丁奶茶……"

　　离开教室，正巧碰上田惠芳老师也是刚好下课要回办公室，我特别调侃了她一下："田老师，都是你啦！没事请我班上同学喝饮料，害他们现在都来找我要饮料喝。"田老师听出我口气中开玩笑的成分，也开玩笑地回答："那正好啊！最近不是刚发薪水吗？你就拿一点小小的零头来请同学，也省得账户里的钱多到漫出来……"

　　一路开玩笑地回到办公室。在办公室里，赖志贤老师听到我们的对话后，语重心长地告诉我们不要迷信奖赏的功用。他说他以前也曾经使用奖赏的观念来激起学生的学习动机，一开始只是随便请同学吃一根棒棒糖效果就很好了；接下来就变成要喝饮料；然后是冰沙；再来变成7-11的礼券；到最后则是非电影票达不到奖励效果。后来他干脆就放弃了，他说："好像读书是老师的事，要老师拜托学生，他们才勉强读一下。而且我原本只是想提供一点奖品来鼓励同学，到最后怎么好像变成我应该提供这些奖品来慰劳同学，想起来就不愉快。"我们听了都感到有兴趣，要求他讲详细一点，他这才把整个演变说了出来。

　　其实最早是一个偶发事件，有朋友送他一大包的棒棒糖，他正烦恼不知道该怎么处理这些糖果比较好。刚好有学生来找他，看到桌上的糖果眼睛都亮了起来，大家争着向他要糖果吃，他随手给了同学几根，结果下一节课又有更多的同学来找他要糖果。他灵机一动，宣布下一次的小考若是分数达到标准，或是有进步超过10分的，都可以获得一支棒棒糖。

　　好像那支棒棒糖真的很好吃似的，学生们明显地认真了些。不过赖老师说也很可能是当时的背景因素，那个时代的老师不流行请学生吃东西，考得好是应该，考不好就等着挨打，所以有糖果可以期待，对学生来说还算是一个诱因。总之，棒棒糖效应发挥得不错。至于赖老师呢？反正不过就只是棒棒糖罢了，又花不了多少钱，赖老师也很高兴这样就可以让学生有学习的动机，于是之后的每一次小考几乎都是如法炮制。为了更换新口味，赖老师很频繁地进出糖果店，和糖果店老板意外地成了朋友，可以用批发价拿到各种糖果。可是这样的方法实施几次之后，赖老师发现学生的成绩好像有回复以往的迹象，私底下问几个同学才知道，他们对糖果的兴趣没那么大了，随着季节的改变，他们现在对饮料比较有兴趣，于是赖老师又开始去认识饮料店的老板。

　　不知道是谁制约了谁，但是学生的胃口愈来愈大，等到赖老师意识到的时候，他正在用7-11的百元礼券做强化物，而学生已经开口要求电影票了。他忽然感觉这整件事都不对了。他不再去考虑自己是否能够负担这样的奖赏，转而思考这样的奖赏是否真正符合教育的意图。当认识到奖赏的动作已经变质之后，他毅然决然地停止奖赏的动作。然而，他自己带起来的风潮已经在学校流行了，停止奖赏之后，他遭到了"报应"。不但被学生说成"吝啬"，还被同事说成"不关心学生"，自己却只能如哑巴吃黄连一般地闷着。学生的成绩？甭提了，根本没有人要理他的课，成绩掉到比一开始完全没有奖赏的时候还差。

　　赖老师最后对我们说他最近看过一篇文章《防蚊液》，他觉得说得真是太好了。说是老师在逼学生成绩的手段就好像在喷防蚊液一样，刚开始是有喷就有效，到后来如果大家都在喷，那么蚊子还不是照叮不误。其实不只是"处罚"的手段会被同学免疫，就连在使用"奖赏"的动作的时候，也应该注意会不会让学生习以为常。每一个方法都有可能是好方法，而每一个好方法也都可能变成坏方法，运用各种技巧的时候，实在是应该要多三思啊！

故事背后

　　本文应该不用多做解释了。自从教育主管部门三令五申地禁止体罚，加上媒体不断地加以报道、强调之后，很多第一线的老师们都感到手足无措，特别是教学认真的老师们。在他们的观念里，体罚是唯一可用的工具，不能体罚之后，就好像要求他们不准带枪上战场一样，但是难道要他们躲起来，从此对学生的偏差行为不闻不问吗？这又不符合他们做人的人生观。对他们来说，当老师可不只是一份领薪水的工作而已，他们更希望借由自己认真的态度，培养国家未来的主人翁。可是该怎么办呢？现在不能体罚了，还有什么方法可以让学生听老师的话？好不容易，老师们终于想到还可以用奖励的方法。虽然它一直存在，但是和体罚相比较，奖励的成本比较高，效果通常也没有那么迅速，所以有很长的一段时间，它都被老师们所遗忘，现在终于又回归主流了，但是我要很扫兴地劝告各位老师，奖励也不会是万灵丹，用得不好，后果仍然是蛮糟糕的。

我觉得还是让我们回归教育的本质吧！人们之所以会持续从事某一项活动，通常是因为有某种程度的动机所驱使。一般来说，动机可分为两类：其一是内在动机，也就是个人对该项活动感兴趣的程度。其二是外在动机，也就是所谓的外在诱因，通常来自个人做了某项活动之后，他可能会得到的奖赏。

斯腾伯格（Sternberg）等人曾经做过以下的田野实验（指实验在现实情境中进行而非实验室里的环境；千万不要误会是在乡下的田里做实验），他们找来一群国小学童，然后介绍给他们一种有趣的游戏，孩子们当然很开心地就玩了起来，每次平均可以认真地玩游戏大约 20 分钟。一个星期之后，实验者随机地将这些孩子分组，他们对 a 组的孩子们说："如果他们愿意玩游戏再久一点，玩得愈久就会得到愈多的奖金。"对 b 组的孩子则不做任何的处置。刚开始，a 组的孩子们玩得更起劲了，大约可以维持 30 分钟的时间，超过 b 组的 20 分钟。再过一周，实验者对 a 组的孩子们说："不好意思，因为经费被缩减了，所以现在玩游戏没有办法再提供奖金。"从那一天开始，a 组的孩子们玩游戏的意愿大幅减低；虽然 b 组的孩子也因为对游戏有点腻了，小幅度地降低玩游戏的时间，但是数天之后，b 组的孩子还愿意玩个十几分钟，而 a 组的孩子儿乎根本都不想再去碰那个游戏了。

斯腾伯格等人把这个现象称作是"过度辩证效应"，意思是内在动机的强度，有可能会因为外在动机的加入而遭到破坏。一件他原本就喜欢做的事情，可能会因为我们不必要的奖赏，让他误会自己做某件事的原因是为了得到那份奖赏，结果一旦奖赏消失，他也就失去做某一件事情的动机了。

我观察我家里的小孩，发现一件有趣的事。我们家的老大很喜欢玩拼图，而且功力不错，常常自己一个人在客厅的角落自得其乐。弟弟看着姐姐玩拼图玩得这么专心，所以不时陪在姐姐旁边，和姐姐一起玩拼图；姐姐也会不时教导弟弟该把哪一片放在什么地方。有一次，我正在忙着一些事情，可是弟弟却在旁边缠着我，让我不能专心做事，于是我就请姐姐带着弟弟去一旁玩拼图。因为是请她做事,所以我就说等一下爸爸忙完了就买玩具给她。姐姐果然成功达成任务,而我当然也遵守承诺带她去买玩具。几次之后,我发现姐姐玩拼图的次数似乎减少了,有一次开玩笑地问她:为什么现在很少看到她在玩拼图了?她说:你要买玩具给我吗?我才惊觉自己好像做了一件很糟糕的事,说不定我家老大可以借由玩拼图,培养良好的空间能力,进而做一个优秀的建筑师,不过这个可能性似乎已经被我摧毁了。

在学校里,我看到有些老师使用奖励的手段已经接近泛滥了,这也难怪,我们的老师真的是太认真了。在这里,我想要跳开"过度辩证效应"来看另一个问题——"感恩"。所有人都认为大家应该要学会懂得感恩,但是感恩是与生俱来的天性吗?在奖励观念泛滥的校园里,我发现同学们大多不懂感恩;然而当我把这个想法提出来之后,同学们不懂感恩的现象并没有得到重视,同事们反而会告诉我不要这么爱计较,小孩子本来就不懂事,何必要求付出一定要有回报呢?我迷糊了,是的,如果我是一个付出的人,那么我应该要求自己不需要计较他人的回报,但是这是不是等同于接受者可以不需要说谢谢呢?另外,我除了是一个付出者之外,我同时也是一个老师的角色,难道老师可以不去教导学生应该懂得感恩吗?或是这种感恩还有"排外条款",家人、老师的付出就可以不用说谢谢?

我很不习惯有些学生的表现,当我要求他们帮我一点小忙的时候,他们总是会先和我谈条件,饮料一罐或是嘉奖一次,让我觉得学生这么小就这么功利,这个社会真是一点温暖都没有。当然,有些同学只是开玩笑,但是要能够开某方面的玩笑,同时也代表了他有那一方面的念头,就好像要听懂黄色笑话的人,自己也必定具备某种程度的性知识。其次,难道一般人都无法分辨别人是在开玩笑还是在玩真的吗?

我知道有很多学校,为了鼓励家长参加学校的班亲会或是一些亲职演讲,常常会答应学生,如果谁的家长来学校,隔天学校就会帮这位同学记嘉奖一次。这实在是一种很奇怪的现象,首先,家长到校可以算是学生的功劳吗?如果不是,为了一件没做过的事而得到奖励是什么逻辑?其次,家长到校参与班亲会或是听演讲是一种付出吗？难道孩子到学校来之后，所有责任都应该由学校全权扛起，所以家长到校来参与，学校反而要感动到颁奖？这又是什么逻辑？

奖励的动作不应该只被看到外显行为，还应该深思它背后的哲学观。假如孩子对"学英文"这件事还没有特别的喜好或厌恶的时候，妈妈对孩子说："只要你每天看一个小时英文，我就带你去游乐场玩……"这句话的背后意义其实是在对孩子说："学英文是很无聊的，但是只要你撑得住，我就为了你的努力而奖赏你。"妈妈可能是因为自己讨厌学英文，所以一开始就先假设孩子也会讨厌学英文，殊不知这样的奖励方式，正好让孩子"学会"：原来英文真的是很无聊的。我有时候会对孩子说："如果你们赶快把客厅收拾干净，我就让你们陪我去书房看书……"把"读书"当成奖品，孩子也就愈来愈喜欢读书了。

人性倾向懒惰，所以往往选择曾经用过的方法，或是最简单的方法，而忽略了这个方法现在还适不适用，或是这个方法已经违反了某些大前提（教育原则）。不幸的是，多数老师也未能逃开这一个人性。我认为老师们在实施奖励的时候，不必要求一定要得到回报，或者甚至也不必要求学生一定要懂得感恩，但是至少，一定要让学生知道这个奖励绝对不是所谓的"理所当然"。每一次，我看到学生为了一杯饮料而读书，为了一次嘉奖而出公差，我心里都很替他们感到难过，难道他们的价值就只是一杯饮料、一次嘉奖而已吗？如果他们是真心想做，为什么不懂得去欣赏自己主动做事的喜悦？如果他们并不是真心想做，那么他们也太容易被收买了吧！

长远地说，奖赏的效果绝对比惩罚的效果好，但是大家也应该认知，没有什么方法是有百利而无一害的。我不是想要劝大家都不要用奖赏的方式，只是不得不提醒大家奖赏的误用所造成的效果也是很糟糕的，未必不如惩罚。

6. 恋爱基模 (love schema)

场景

怡文是国中二年级的学生，经过朋友的介绍，最近迷上了爱情小说，像她现在手上就有一本《爱上射手座的女人》。其实刚开始她也不是很想谈恋爱，只是打发时间罢了。身边的朋友大家人手一册，有一些朋友，更已经开始在交男朋友了。到底谈恋爱是怎么样的一种感觉呢？随着"十二星座系列"的书一本一本地看过去，自己脑海里有一些画面出现得愈来愈多，她想，如果她是书里面的女主角的话……

这一天，班上的筱芸拿了一封信过来，说是隔壁班的陈俊志要给她的，信里面写着："怡文，我想要认识你，请问你愿不愿意和我交往……"怡文心里想："陈俊志？他不是正和八班的王宜茹交往吗？干嘛还写信给我。"才想着，筱芸就在旁边起哄："陈俊志耶！你没看他打篮球的姿势有多帅，答应啦！这样下次我要和温家伟去逛街的时候，也可以找你们一起去。""可是！"怡文提出她心里的疑问："八班的王宜茹怎么办？"筱芸接着说："早就分了，前天的事，你都没有听说啊？"怡文耐不住好朋友的怂恿，只好说："嗯……好吧！可是你要帮我跟他说一下，只是当普通朋友而已，我爸爸说不可以这么早交男朋友。"

话是这么说，可是自从口头答应之后，怡文的心里就一直轻飘飘的。上课的时候，觉得自己好像是浮在空气中一般地虚幻，就连老师讲话的声音也好像从很远很远的地方飘过来，断断续续地，听也听不清楚。不过，谁管谁在讲什么啊！陈俊志几乎每节下课就来找她，每天都有巧克力请她吃，还常常抱着玩偶来送她,说是为了她,在娃娃机前奋斗了500多块才抓到的。怡文心里在想:"不是说好只当普通朋友吗? 他的动作这么多,搞得大家都在说我们正在谈恋爱,不过……原来谈恋爱是这种感觉。"想着想着,怡文的嘴角又扬起了笑意,这一些小动作,刚好都被坐在斜后方的筱芸看得一清二楚。

随着陈俊志积极地追求,再加上几乎全班的同学都在起哄,怡文心里也已经半推半就地认定她与陈俊志两人是男女朋友的关系了。这些天,俊志除了在下课时间来找她,两人也常在放学后继续留在校园里散步、聊天。说实话,有时在晚上睡觉前回想,两个人几乎一整天都腻在一起,到底都聊了些什么往往都记不得了,只知道总是有说不完的话题。这一天,他们放学后又再度留下来。

"我们到礼堂那边散步吧!"

"哦,好啊!"此时,学校辅导课已经开始,不远处还有声音从篮球场传过来,除此之外,四周还算安静。

"怡文,其实我早就喜欢你了,只是一直都不敢告诉你,谢谢你愿意和我交往……"俊志一边说一边往怡文靠近。

怡文直觉好像有什么事要发生了,本能性地慢慢往后挪,"糟了,已经到边缘了,该怎么办? 俊志想干什么?"这时候俊志的脸慢慢靠近,"来了! 来了! 从书里面的情节推算,也差不多是这几天了。可是,好像还是有点怕,要不要把他推开呢?"还在犹豫之间,俊志的唇已经印上来了。怡文的心似乎被狠狠地撞了一下,她觉得自己呼吸急促,脸颊正急速加温当中,被俊志嘴唇接触的地方似乎麻木了,而且这个酥麻的感觉似乎正在扩大,整个人变得软绵绵地……

初吻之后,怡文仿佛成了风云人物,大家都一直围过来问:"怎么样! 那是什么感觉?"她当然是羞得不敢做任何表示,只是心里甜甜的。偶尔会觉得俊志太过分了,怎么可以把这种事情到处说给别人听,但是又觉得这样被同学羡慕,好像也蛮不错的。从那一天之后,俊志的动作愈来愈多,来班上找怡文的时候,总是毫不避讳地搂着怡文的腰聊天;有时候则是抱着怡文坐在他的大腿上;或是趁着下课时间,躲到楼梯间尽可能地让两人的身体"在单位面积内,做最大的接触"。其实他们也有感觉到有人从旁边经过,可是他们一点都不在乎,反之,这种感觉让他们更兴奋，更坚定他们彼此相爱的感觉。

就和书上说的一样。

两个月后的某一天，俊志约了一群人到家里玩 PS2，说是爸妈不在家，可以自在一点。怡文到他家的时候，才发现只有她一个人，其他人都"临时有事"不能来了。她怀着忐忑的心，不知道该不该继续留下来，她有预感，似乎会发生什么事。

果然，一会儿之后，俊志的手开始变得不规矩。怡文觉得自己心里还没有准备好，所以一直不肯就范。俊志却把这些动作当成"象征性的抵抗"，继续往怡文的身上靠近。他对她说："我爱你，我真的非常爱你，可是如果没有发生关系，那么我们就只是两个独立的个体。既然我们如此相爱，为什么不要让我们融为一个整体呢？只要我们真正发生关系了，我一定会更加爱你的……"说着，俊志的手又再度向前伸过来。

怡文忽然害怕起来了，她对他说："不行，我们都还小，而且现在这样子不是很好吗？为什么一定要发生关系呢？"俊志不理会怡文的说法，已经打算扑过来了，吓得怡文赶紧夺门而出。

隔天，怡文觉得不太好意思，买了一个玩偶要送给俊志，可是俊志的态度很冷淡，对她变得爱理不理的，她觉得好受伤。这时，八班的王宜茹来找她，她对怡文说："你一定是对他拒绝了什么事吧！之前他和我在一起的时候，只因为我没有答应他让他吻我，结果他就不再理我了。像他这种人，其实只是想要占女生的便宜，又不是真的在谈感情，你又何必为了一个不爱你的人而伤心呢？"怡文抬起头看着宜茹，眼泪早已不听使唤地往下掉，虽然宜茹这么说，但是怡文的心里却是这么想："不！他是爱我的，书里面介绍的情节，男女主角往往在发生关系之后，才是最后的结局。爱他就应该是无条件地付出，我实在不应该这么坚持的……"

故事背后

不知道从什么时候开始，国中生谈恋爱变成了一种趋势，而且绝对不是以往那种纯纯的爱,只要牵牵小手,心里有对方就好了。现在的国中生谈起恋爱,绝对是"唯恐天下人不知"一样地明目张胆。我知道有些老师使用高压政策,各种的处罚、隔离,外加警告要通知父母等等,逼得那些想要早点品尝恋爱滋味的小男生、小女生们,将他们的恋情走入地下化。这是我不愿见到的后果,所以我对班上同学的交友情形,一向持开放的态度。我相信,以他们心智发展的程度,对一件事物的"好奇",不会维持太久的时间。我也觉得,只要让他们有别的事情可以做,或许就可以转移对谈恋爱的期待。

在几年前,这种方法还算行得通,但是最近看来,似乎应该要再找一个更好的策略才行,因为我发现他们往往在好奇心还没消退之前,就已经做了不该做的事。该如何告诉现在的小朋友们,不要那么急着谈恋爱呢?或许,可以用恋爱基模的观念切入。

基模一词最早由皮亚杰(Piaget)提出,指"个人内在会自行建构一套认知系统,而且个人会使用这套系统来处理所接触到的信息。因应不同的情境,基模会不断地修正、改变,甚至是创造新的基模来解释一个全新的问题"。基模的种类很多,在此要谈的是和恋爱有关的基模。

当我们在看偶像剧或是爱情小说的时候,我们会从电视或是小说中的情节,建构出一个自己心目中爱情的模样,诸如:交往多久会发生什么事?如果发生了什么事又代表什么意思……于是,当我们真正去谈恋爱的时候,心中就会有所期待,因为我们其实已经为自己写好剧本了,当然会希望照着剧本来走。不过,大家心里也都会很清楚,这种看电视或是看书所形成的基模并不是真实的,所以在真实情境应用时,自己会打一些折扣,而且实际交往的过程中,也会不断地回馈我们的恋爱基模系统,让它变得更清楚、更确定。

谈恋爱是一件很美好的事,但是太早谈恋爱却会是一件很悲哀的事。如果你是过来人,请回忆一下当初谈恋爱的过程,你是浸淫在什么样的气氛之中呢?我以为那是一种"不确定的浪漫"!虽然你知道对方喜欢你,但是因为你对爱情不熟悉(恋爱基模的结构还不够完整),所以你不知道他会用什么浪漫来感动你,于是对方的所作所为都很让你感动,你也就一直沉醉在感动与期待感动之中。所以我们看到恋爱中的人会不时地微笑（傻笑）。

太早谈恋爱会有两个很重大的缺点。首先是基模组织松散，会让人编写出不好的爱情剧本。前面提过，基模会不断地修正，假设我们看了一本爱情小说，然后根据书里的情节，幻想出一段属于自己的爱情，当然，此时我们不会真的去试，可是在我们的认知系统里，已经有一个恋爱基模的存在了。之后，我们又看了一出连续剧，我们会拿之前已经建构的恋爱基模来和它比对，然后修正，建构一个更完整的基模。同样的模式进行几次之后，我们的恋爱基模已经有了完整的结构，我们的爱情剧本也就同时完成，以后谈恋爱的时候就会不自觉地照着我们所设计的剧本在走。

到底会设计出什么样的爱情剧本呢？这又会和两件事情有关，其一是经验，其二是情节。之前接触的爱情故事若是不够多，对爱情的了解就容易流于不够全面，一知半解会比完全不知道还要可怕；若是此时真的谈了一场恋爱，只要对方说："对啊！别人都这样，我们也应该这样……"往往就乖乖地任人摆布了。还好，一般人若是没有接触足够的爱情故事，也不会有太多对爱情的憧憬，也就不会有急着谈恋爱的问题。

为害最大的是在情节的部分。所接触到的爱情故事都是什么样的情节呢？或许小女生看了很多的小说，可是坊间的爱情小说其实有很多都是滥情的商业作品，这些书并没有把整段感情的精华详细呈现，反而只是着重在情节的铺陈、公式化的结局。看得愈多，愈觉得爱情只是一个形式，只要照着这个形式做，就叫做谈恋爱；更有甚者，连心里的感觉都模仿书里的情节，因为书里面的女主角受到男主角某种对待之后，女主角感受到某种感动，所以在现实中，只要男生对她做了相同行为，她也就应该得到相同的感受。仔细想想，这种方式的恋爱真的可以被称为爱情吗？充其量不过是以"虚拟实境"的方式走入书本里的情节罢了。

基模还有一个特性，当它还在成型的阶段，它是很有弹性的，外界的各种刺激，都可能会对基模造成影响，然后改变结构。但是一旦基模的组织愈来愈严谨，它就愈会区辨各种的刺激，只要和自己建立的基模不一致，它就会忽略它的存在,或是把它当成另一件不相干的事,所以一旦基模建立成型,要再改变就很困难了。就好像有些妇女认为"男人就应该在外面应酬",这种想法一旦确定,就算她的先生喜欢回家吃晚饭,她也要把他赶出去,因为常在家里就代表没出息;就算到后来尝到后果,她的先生开始在外面花天酒地,她也会觉得这是身为女人"必须承受的结果"。

除了上述的原因,太早谈恋爱还有一个非常扼杀浪漫的后果。刚刚已经提到基模的形成会让我们在心中设计一套爱情剧本,这一套剧本是要用来排演的,所以我们会想要谈一场恋爱,来印证自己所设计的剧本到底好不好?如果这个剧本里已经认定交往多久发生什么事,预期会有什么感觉的体验,真正谈恋爱的时候,或许会和想象有差距,但至少已经有一个真实的感觉体验了。基于很少人会在第一场恋爱就从一而终,步入婚礼的礼堂,这时候会出现以下的问题:在下一场恋爱中,我们会想要尽速地接续上一场恋爱未完的情节,就好像看录影带使用快转一样,结果就忽略掉许多感情的细节,不幸的是,虽然这些细节本身没什么,但是所有这些细节的总和才真正是爱情最浪漫的部分。

举例来说,我们可能会认为谈恋爱的过程如下:"偶尔碰面的脸红心跳"→"互相猜测对方的心意(拔花瓣)"→"开始交往,第一次约会"→"约会时,身体不小心(有时候是故意的)碰触时的心悸"→"等待下一次的约会,想着对方在想什么"→"大方地牵手逛街"(一垒)→"偶尔搂肩、搂腰,做更贴身的接触"→"趁着四下无人,偷偷地把嘴唇印在一起"(二垒)→三垒→本垒(二垒以后的情节属于限制级,请恕我不能把它写出来)。

请谈过恋爱的人回想一下,在二垒以前的感觉是不是最令人感到有"谈恋爱"的感觉呢?但是如果是第一次的感情在做到二垒之后分手,第二次就会很快地发展到二垒,因为之前发生的事情都已经体会过了,所以想要赶快尝尝还没发生过的三垒及本垒。万一之前的恋情也已经跑完本垒了,再谈一次恋情的时候,依然会以飞快的速度进行。一来是已经知道会发生什么事,所以就少了摸索及等待的时间;二来是我们会习惯把一件"事情"快速地完成。至于完成之后呢?可能是再找一个,也可能是从此平淡地走下去,就好像一首歌词里讲的:

"……你说爱我只是习惯，再也不是喜欢……"反正，太早谈恋爱，几乎没有一个好的结局。

我有时听到老师在批评同学谈恋爱的时候会说："你懂得什么是爱情吗？"这种说法不太好，因为没有人真正懂爱情，而爱情也从来不会只有单一面貌。说这种话的老师往往会被学生在暗地里取笑："可能老师才是真正不懂爱情的人。"我觉得可以用考试来做说明。如果我们在考前就已经有充分准备，参加考试时就可以拿到八九十分以上的高分，但是完全不准备可不可以应考呢？可以，就算只考了20分，一样是分数。同样地，准备好了才谈恋爱，我们可以有一场值得一生回味的浪漫；若是只因为看别人谈恋爱就想急急忙忙地跟进，这种爱情也会有浪漫，只是时间太短，多半也不够深刻，应该没有人愿意这样的爱情会是我们最珍贵的"初恋"吧！我并不是反对学生谈恋爱，而是希望大家都能有机会经历一段足以"无憾"的爱情；太早谈恋爱往往会使自己永远错失这样的机会。

因时代的进步、女性主义的抬头，现在爱情故事的发展可能已经和上述不太一样了。有些女生很勇于追求她们的"真爱"（希望她们真的知道什么是真爱），所以发展出来的爱情故事会是完全不同的情节，但是，在不正确的恋爱基模底下，不管什么样的恋情，都不会是真正的浪漫。

7. 习得无助 (learned helplessness)

场景一

　　A 同学在上课的时间趴着,他其实不是很想睡觉,只是对上课这件事实在是提不起劲,又想不到要做什么事,所以就趴着算了。他算是很给老师面子了,至少他选择趴在桌上,不会增加老师上课的困扰。班上的其他同学,有的是在写纸条、传纸条;有的是低声和同学聊天;远距离的同学还可以用比手语的方式交谈。还有的同学上课偷听 MP3,他们的技巧还不错,先把 MP3 放在衣服口袋里,然后把耳机的线穿过衣服的袖子(冬天的时候),这时候就可以用手支着头假装看书的样子在听音乐,除非仔细,否则真的很难发现。

　　还有一些同学让他实在看不过去,好像在和老师玩躲猫猫一样,刻意做一些动作来吸引老师的注意,搞得老师一边要上课,一边又要随时注意这些同学搞怪的举动,害得老师神经紧张,每次都板着一张脸来上课。A 同学记得上次班上同学想到一招很精彩,几个人互相串联,大家都把嘴巴闭起来,用喉咙发出"嗡……"的声音,一次大概两个人。如果老师的目光快要锁定某位同学了,他就立刻闭嘴,换其他同学接力,整节课就是这样在玩老师。看着老师那一副糗样,虽然好笑,不过其实也有一点不忍心。老师也不过是来上班的,何必这样整人呢?

　　以上的情形还算是老师"罩得住"的时候。如果老师班级经营的能力比较差,那么整个班在上课时间根本就像是在菜市场一样,上述的动作通通都明着来了。光是讲话这一件事,三四对同学要聊天,彼此当然会互相干扰,然后就愈说愈大声,中间虽然伴杂着老师在大声地喊:"不要吵了!"不过反正没人理他。上次家政课的时候,家政老师受不了了,派同学去把导师请过来,可是大家依然故我,顶多是给导师一点面子,稍微(真的只是稍微)收敛一下罢了;导师又去学务处请来一个组长,不过组长又怎么样?我们全班一起吵,难道组长还能把全班同学都抓起来吗?

考试?什么时代了,考试有什么好紧张、害怕的。我们班的同学几乎都一样,拿到考卷后把名字填一填,至于答案?大概就是 123、321 之类的乱猜,管他出的是 30 题还是 100 题,5 分钟以内全部搞定。上一次段考很好笑,有一个天兵在答案卷上乱猜 123,却没注意老师的题目选项是 ABC,气得老师几乎说不出话来。其实这种也还好啦!班上的几个大哥、大姐们,根本连名字也不写,考卷拿到直接压着睡觉,最后连交都不交,了不起就是零分,又没什么大不了的。当然,班上还是有一些异类,拿到考卷还会认真作答。拜托!我用猜的可以猜到 36 分,他们认真写也不过是 42 分,怎么这么笨啊?

场景二

B 老师早上在按掉闹钟后,还在床上赖着不肯离开。倒不是还想睡觉,只是想到要上班这回事,就让他疲惫地下不了床。是啊!他按照学校排给他的课表到班上上课,可是不管自己再怎么认真地上课,台下的听众一副事不关己的模样。唉!学生都不听了,老师还要在台上唱独角戏吗?不过不唱也不行,毕竟家里的经济还是需要他这份微薄的薪水。

上一次上课,同学们联合起来整他,这边一声"嗡……"、那边"嗡……"一声,整间教室就好像养蜂场似的嗡!嗡!嗡!拜托,他真的很不想理这些同学,不想上课就算了,可是还有同学想听啊!就算真的都没有同学要听,身为教师的职责也还是要把课本的内容讲一讲,总不成每节课都自修,每节课都让同学去打球或是玩电脑吧!他都已经不打算要求同学的成绩了,难道让他把该做的工作做完,同学们也不愿意配合吗?

很难说他不认真,学期一开始上课的时候,就得面对班上层出不穷的小状况。当然,这难不倒他,每一次都被他很有技巧地压了下来。开玩笑,教了这么多年的书可不是白教的,学生的那些小把戏算什么。随着日子一天一天地过去,问题出来了,因为"每"节课都要花时间处理班级常规问题,结果快到段考的时间,他上课的进度居然赶不完,结果被同学回家向家长告了一状。家长一通电话打给校长,校长马上就把他找去关切。再者,开学时一次、两次的处理问题还可以,已经学期过了一半,每次上课都还要再来一次"官兵捉强盗"似的心理游戏,精神负荷实在是受不了,最后只好选择妥协:只要不要影响到老师上课,睡觉、看小说等安静的举动就睁一只眼闭一只眼算了。只是同学根本就不懂得互相尊重的道理,教师都退一步了,同学不但没有也退一步,反而进了一步,硬是要把教师逼入精神崩溃的临界点。

向学校反映吗?校长、主任每次都说:"辛苦你了!"就这样一句话把 B 老师的委屈完全打死。B 老师心想:"哼!辛苦?你们这些家伙哪里懂得什么叫做辛苦?受苦的是我耶!有本事你也来这种班级上课看看;要嘛就是不用上课,整天只会出一张嘴叫人家做这个做那个,出一张嘴谁不会啊?再不然就是课那么少,还故意排那种轻松的班级来上课,真是〇〇你个××……"

B 老师也已经放弃"向上反映"这回事了,反正反映事情的结果还不是要自己解决,多半还要遭到别人的冷嘲热讽。上一次当是诚实,上两次当是老实,上三次当就变成笨蛋,再上到第四次当就成了白痴了。算了,就这样子吧!反正也不过就是一个小小的教师,准备混吃等退休就好(如果退休前没有被气死的话)。

故事背后

在行为主义的实验设计里,应用负增强作用而设计的实验称为"逃脱制约学习"(escape conditioning)。心理学家设计了一个往返箱(shuttle box)来进行这个实验。以白老鼠为例,在一个箱子里隔成 a、b 两部分,先将白老鼠放在 a 区,然后对 a 区施以电击,此时白老鼠会因痛苦而四处跳动。若将 a、b 两区之间的隔板的上半部打开，则白老鼠可能在某次偶然的跳动中，跳进了 b 区，因而免除被电击的痛苦。此时，让白老鼠休息片刻后，将通电区由 a 区改成对 b 区通电，白老鼠将再次惊慌失措，又开始无意识地乱跳，无意间又跳过隔板进入 a 区，再度逃离被电击的折磨。多次之后，只要对某一区的白老鼠施以电击，它就会马上跳到另一区以逃避电击。这就是所谓"负增强学习"的意义：因为白老鼠做了某个正确的行为可以免除痛苦，所以它会愿意表现出这个特定行为。

塞利格曼（Seligman）在以小狗来进行逃脱制约实验的时候，意外地发现一个"习得无助"的现象。也就是当个体认知自己的能力无法解决困难，对目前的环境变化无法控制，或是对未来发生的事情无法预测时，如果这种情况长期延续，个体将会丧失斗志，进而陷入绝望的心理困境。

在逃脱实验中，他先将小狗放在一个无法逃脱的笼子中，然后施予一个会令小狗很不舒服，却还不会致死的电击。小狗当然会在笼子里四处奔逃，但是尝试多次努力之后，还是没有办法逃离笼子，于是只好放弃挣扎，乖乖地被电击。此时电击停止，隔天再电击一次，小狗一开始仍然跳起来惊慌逃窜，但是依然逃不掉。不久，小狗再度趴下来静静地接受电击。实验者发现，小狗在接受电击后，努力表现要逃离的时间愈来愈短，到最后终于只是头抬了一下，却没有做出任何想要逃离笼子的表现。这时候实验人员把笼子换成可以逃离的空间，只要轻轻一碰，门就可以打开，但是小狗仍然不为所动，乖乖地待着被电击。

上述是指一只完全没有逃脱经验的小狗在不能逃脱的笼子里的表现。后来又发现，如果先让小狗有成功逃离笼子的经验，才把它放进不能逃脱的笼子里，小狗的表现将更为积极，它会挣扎更久的时间，到处寻找任何可能逃离笼子的方法。这个实验也间接地说明："成功经验"与"失败经验"会如何影响个体日后遭遇困难之后的表现。

回到一开始的案例。在我教书的生涯中，最令我难过的倒不是学生考了什么惨不忍睹的分数。说实在的，20 分、30 分又如何？现在差又不代表未来也会差。就算未来的考试还是差，也仍然不代表这个学生不会有成就。此外，学生的成绩差我也不会把它联想成是我不会教，变成我自己的心理压力。但是我真的很不忍心看到学生呆呆地在自己的位子上浪费生命。为什么他们会变成这样不在乎学习呢？这个问题困扰了我好久的时间。终于，我相信"习得无助"可能可以解释这个现象。

　　我想要批判"分数"这个东西，就是因为对分数的迷思，让多数的人都逃不开挫折。让我们把时间往回推二三十年，那时候有没有升学压力呢？当然有，但是那个时候的压力还没那么大。一般来说，师长们的心态是用鼓励的，会读书的学生鼓励他多读书，不喜欢读书的学生也不会太逼他读书，尽力就好。现在呢？不管喜不喜欢读书，整个学校用"全力以赴"的态度把所有的学生逼上火线。学校根本就已经弃守了所谓的"教育"，完全配合家长（少数家长？）的想法，管它是乌龟还是兔子，全部在同一种跑道上，做相同的竞赛。在这种强大的压力之下，学生们当然会想要逃离这样的环境。可是逃到哪里呢？在百般无奈之下，学生们只好一个个都像那只无助的小狗一样，完全放弃努力的念头。

　　你说这些学生从一开始就这么消极吗？我倒不这么认为。我相信这些学生都曾经努力过。然而，每个人的身体与心理的发展有早、迟的差异（一般来说，多数人把这种现象称为"开窍"），这种发展速度的差异其实与最后的成就无关，却因为师长们比较的心态，让发展比较慢的同学误以为自己就是真的比较笨，努力了数次之后，表现却一直没有办法突破（因为他真的还没开窍），终于承认自己的愚笨，并且放弃努力。所有的生物都一样，如果放弃向上提升，之后定会迅速地向下堕落。堕落的过程中，还要想办法找人当垫背，来个玉石俱焚，就好像困兽之斗一样。

　　我观察我们台湾教育中，学生学习态度的演进大致上或许可以分为三个阶段。第一阶段，读书是为了自己的前途而努力，大约是四年级（一九五几年出生）以前的学生。会读书的同学很努力地读书，不喜欢读书的同学也总会找到他可以努力的方向，大家各自为自己心目中的理想而打拼，反正是行行出状元。第二阶段，大概是五六年级的学生（我是这一区的）。不管你喜不喜欢，反正大家都要读书，都要接受联考的淬炼；虽然不是很自愿，但是同学们还算很"甘愿"。第三阶段，大概是七年级以后的学生（这时，我已经是老师了）。个人意识的抬头,让这些年轻学子们勇于对压力说:"不!"再加上社会结构的转变,更助长了同学们的气势,反正他们也豁出去了,正印证"一皮天下无难事"的说法。

压力并不是唯一的原因,至少我觉得所谓的"挫折容忍度"也是一个应该被考虑的因素。有一次,我在和学校老师讨论"分数的比较"以及"排名的动作"所可能造成学生的压力。他承认了,但是却不愿意放弃继续施压,因为他说:"在现在这个社会,如果不能坚持下去就不会成功。"说得有理,于是我追问他:"那么那些坚持不下去的人呢?就被放弃了吗?"他说:"那就应该想办法增加他的挫折容忍度。"依旧有理,但是问题就在这里,我们有没有在培养挫折容忍度呢?挫折容忍度又是那么好培养的吗?就好像在学游泳一样,教小朋友游泳要从儿童池开始,先是教他不怕水、闭气、打水、换气,最后才学会游泳。难道一开始就把小朋友丢到成人池里让他挣扎,说是只要活下去,就算是学会游泳了。这样也可以称为教育吗?老实说,我认为这个叫做谋杀。

挫折容忍度的培养应该由小挫折开始,而且一定是孩子"已经"可以接受这个挫折了,才可以再继续给他更大的挑战。尽管草莓族们都不承认他们是草莓,我还是觉得现在的同学们普遍没有什么抗压性。但是我倒不认为这是同学们的错,我觉得这是家长的问题,现在的家长真的对孩子保护过度了。

会感到"习得无助"的人绝对不是只有学生;当教师不断地重复教学动作,却怎么教都教不会的时候,教师也是会有习得无助的感觉。这里要谈到习得无助的重要观念:它必须是当事人把失败的原因归于自己内在的因素时才会发生。例如学生学不好这件事,若是教师认为这是因为"自己"不会教,或是觉得因为学生太笨、太懒,"自己"没有办法改变学生,久而久之就会有习得无助的感觉。然而,若是把这件事当成是学生还没开窍,乐观地期待"学生(别人)"日后就会忽然懂了,那么教师就还是能继续快乐地面对同学。

心态是很重要的。

老师的习得无助表现在两个向度,其一是"对学生的课业学习及生活常规表现";其二是表现在"对学校的态度"这一件事上。

在第一部分其实也是有层次区分的。老师先是对"学生的课业学习"失望,继而希望至少能培养一个堂堂正正的中国人,转而要求学生的生活常规。然而,自从"教师体罚"问题被不断地讨论之后,老师的教学工作变得动辄得咎。第一线教师们不太懂,自己也是努力地想要教好孩子,为什么会搞得里外不是人呢?这样的情绪在立法院通过立法禁止体罚之后,变得更加无助。

俗话说:"可怜之人,必有可恨之处!"我不认为事情演变到这个地步,教师们可以说完全没有责任,但我也不认为我们应该反对"禁止体罚"这一个国际潮流。然而,做事情的方法不应该只有限制、惩罚,当我们在要求教师不准体罚之前,是不是应该先告诉他们可以怎么做(希望是真正可行的方法)?看事情也不应该只是肤浅地看到表面问题,更应该深入问题看到背后原因。老师为什么要体罚?是为了分数,或是生活常规?教师及家长的观念要不要重新再教育(政府在这方面做了多少努力)?地方政府及校内的教育主管单位又该负多少责任?一味地把矛头指向基层教师,公平吗?更重要的是,有用吗?

老师的习得无助也表现在"对学校的态度"这一件事上。许多老师觉得"跟学校反映也没用"、"校长、主任的命令是不可违抗的"、"教育环境就是这么烂,一切只能认命"、"……"表面上来说,这种心态对学校的经营者来说是有利的,因为老师们这么听话,政策的推行当然会顺利许多。然而,这种心态其实是引导学校走向灭亡的终途:因为老师不愿意用积极的态度来面对教育工作,学校又怎么可能好得起来呢?人不对了,再好的方法都没用。

还是来关心一下学生好了。塞利格曼的这个小狗实验其实并不是这么消极的,记得吗?后面提到一个小实验:如果先让小狗有成功逃离笼子的经验,才把它放进不能逃脱的笼子里,小狗的表现将更为积极,它会挣扎更久的时间,到处寻找任何可能逃离笼子的方法。这个实验告诉我们一个很积极的想法:如果我们让孩子不断地、成功地解决我们交付给他的小挫折,这些小小的成功经验将大大地帮助孩子日后面对困境时的坚强心态。所以,敬告各位老师、家长,有很多小事,千万不要因为你做得比孩子好,就把事情都捡起来做,让孩子失去学习的机会。没有这些小学习,孩子是做不了大事的。

或许有些人会质疑什么是大挫折?什么又是小挫折?由谁来决定呢?其

实，不管是大挫折、小挫折，接受挫折的是孩子本身，我们应该尊重他们的主体意识。只有当孩子准备好要接受挑战的时候，这个挑战才会有意义。什么？你担心如果不逼孩子的话，孩子就只会整天沉迷于游戏的世界里。我想，我们谈到了一个很重要的原点，因为我们目前的所作所为往往都是出于"孩子不会想"这个逻辑，然而这个逻辑真的正确吗？孩子就这么"天生地"不知上进吗？我觉得我们都太小看孩子了。我大可以再写几千字来证明孩子其实是可以主动读书的，但是应该不会有人想看，所以我只简单地请读者们思考：用逼的方法真的有效吗？

在现在这个教育环境中，家长、学生、老师，甚至是校长、主任、组长，只要是扯上了国民中学，似乎没有人感到快乐。然而这种不快乐真的是必须的吗？我常听我的同事对他的学生说："没办法！你们现在是学生，就得熬过这一关……"也听到同事们之间彼此在聊天："没办法！既然要当老师就得认命，反正别的工作也都有它的辛苦，我们又还没有好命到可以不用工作，所以一切只能忍耐……"学生就一定得受苦吗？老师就一定得忍耐吗？工作量大、做事辛苦是一回事；工作没有成就感、做事失去意义又是另一回事。现在的受苦与忍耐是一回事，未来还会不会继续受苦与忍耐又是另一回事。

咨询理论中的存在治疗创始人维克多·弗兰克（Viktor Frankl）曾经说过一句名言："他们可以折磨我的外在，但不能进入我的内心。"弗兰克在一次世界大战期间，全家人都被囚禁在集中营里，而且最后只有他一个人生还。然而，集中营中的恐怖经验并没有打倒他，反而更加深他肯定存在治疗的重要性，这是大师的思维。或许我们不敢和大师相比，那么就拿实验室里那只被电击的可怜小狗来说吧！它好歹也曾经努力过数十次，而且是在实验人员控制的绝对环境中，最后才失去斗志不愿再战。但是我们呢？当面对困境的时候，曾经努力过几次？又真的尽力了吗？

其实在日常生活中，我们很难会遭遇到那种让我们真的无法脱离的困境，真正绑住我们的，往往是我们心底那种懦弱、不愿努力的心态。如果是学生，还可以说他们还小，值得我们多加关心；但是如果已经是成人了，还好意思坐在地上耍赖，要别人来帮他吗？醒醒吧！难道真的要让自己一直待在痛苦的深渊？是的，我们都听过一句话："如果不能改变环境，就应该试着去接受它。"然而，我们会不会太容易就承认环境是无法改变，而委屈自己接受呢？

♂ 关系

8. 睡眠效果 (sleeper effect)

场 景

　　我有一个学弟姓简，小我两届，却在教书的第三年就当上了学校的学务主任。有一年我到花莲找他玩，闲聊之下才意外发现一件非常有趣的事情。

　　他的个头很高，身材也很壮硕，平常理个小平头，很容易让人误会他是一个很凶的人，可是他其实很细心，平常对人客气，而且总是乐于助人。大学一年级刚进来的时候，就被我带进了登山社，从此到处"拈花惹草"。每回从山上回来，就看到他忙着在整理从山上带下来的植物标本。我在实习那一年回学校报告实习生活的时候，遇到他还特别劝他要有个性些，现在的国中生都会欺善怕恶，特别是新老师，如果脾气太好，往往会被学生骑到头上。

　　那时候我们师范生还是采分发的方式，不用像现在的流浪教师这么可怜，必须全台南征北讨几十所学校才有机会担任老师。他因为个性喜好大自然，所以就填了花莲的学校。我想他一定把我的话听进去了，所以一进到学校之后就谨守本分，平时绝对不轻易对狗说笑(不苟言笑)；也可能是刚当老师本来就比较紧张吧！总之，他在学校刻意地表现严肃的样子。其实他不用这么刻意的，以他那副尊容，只要不笑就可以吓死不认识他的人了，更何况他还特意装出凶神恶煞的样子。

　　那一年他和我电话聊天，说我教给他的几招班级经营技巧非常好用，特别是"凝视"那一招(我告诉他同学犯错的时候，不要急着开骂或是问原因，把同学叫到办公室里，先让他在旁边站个十几秒，自己忙自己的事，好像漠不在乎似的。然后转过头看着他的眼睛,狠狠地看他个 3 分钟才开始发问。通常学生在第 2 分钟就开始心虚,一到发问时,很容易什么都招了)。我想到以他那魁梧的身材、坏人的脸孔,若是再配上一对有杀气的眼神,同学们应该很能感受那种威胁吧!他说他好几次只是"轻轻"地看着学生,学生就已经被他吓哭了,这一点我完全不怀疑。

他教书将迈入第四年时的暑假打电话来告诉我,校长找他当学务主任,而且他也答应了。我听了之后很替他高兴,但其实是有更大部分的不解。并非因为他的年资还这么菜(浅)就当上主任,也不是怀疑他的能力不足以担任主任,只是真的没想到这么温文儒雅(在我的印象中)的一个人,居然会变成一个学务主任。过了几年我到花莲找他,他说他也是到前一年才知道事情的真正原因。

校长找他当学务主任的理由很简单。首先是校长发现简老师只要在走廊上走着,所有他经过的班级就会自动安静下来。观察了几次发现不是巧合之后,校长深深觉得简老师一定是一个"很有办法"的老师,不但对自己班级的学生,就连对别班的同学都能有如此强大的影响力,所以当原本的学务主任退休之际,校长第一个念头想到的就是简老师。至于同学们为什么这么听他的话呢? 这还是在他当了主任的第二年之后才知道的。

有一次他在调查一起同学们打架的事件,被害人说他被人家用衣服包起来,所以不知道到底是谁打了他。学弟找来了几个"嫌疑犯",可是 群人只是互相对望,异口同声地说不知道是谁打的。他看了看眼前这些小毛头,肯定这些人一定是知情不报,于是决定采用隔离审讯的方式。学弟找了其中看起来最弱小的那个家伙,单独带到医护室里"聊天",当然是先使用眼神的交流来做前置动作。没想到还没开始发问,这个学生已经濒临崩溃,开始嚎啕大哭、语无伦次。学弟看着眼前的学生哭得死去活来,听着学生莫名其妙地喊着:"不要杀我,我没有打他……"连他自己也慌了起来。虽然他很清楚自己的眼神的确有某种程度的威力,可是遇到反应这么激烈的同学也是头一遭。学生突如其来的举动把学弟搞得比学生还紧张,只好赶紧打电话请辅导处过来协助处理。

辅导主任花了好一番工夫安抚学生的情绪之后,问了学生当时的情况。不过就是个简单的问话,怎么会搞到情况如此失控呢? 同学这才把所有经过娓娓道来。原来学弟第一年到学校教书的时候,学校丢给他的是一个后段的班级,同学们的生活常规原本就不好,加上学弟刚从大学毕业缺乏班级经营的经验,师生冲突的状况屡见不鲜。有一次学生犯错,学弟一时情绪失控,捉起学生的衣领把学生整个人抬起来往自己的脸拉近,然后说:"你下次如果再给我犯同样的错,我就把你的脖子扭断……"(我那时心里浮现当时的假想画面,打了一个冷颤)这个事件对学弟来说当然是过了就算了,但是却给学生造成非常大的震撼。学生"死里逃生"之后到处宣扬学弟的恐怖,所以学弟在那一次事件之后,忽然感到班级经营变得非常顺手,往往只要一个眼色,连发脾气都不用,所有事情都已经就绪了。

猫在钢琴上昏倒了。

谣言愈传愈夸张,同学们私底下都把学弟当成杀人犯看待,还说他已经扭断了三个学生的脖子,弃尸地点分别在 a、b、c 三个地方;另外还有一些被打成脑性麻痹、骨折、耳聋的学生,通通都是不长眼惹得简老师生气之后的下场。同学们多数在尚未入学之前就已经被告诫,学校里的简老师是个绝对不可以惹的人物。那一天,学弟单独询问的那个学生,就是在学弟的眼神里回忆起所有听到的种种恐怖情节,才会有上述事件的发生。辅导主任知道详情后告诉学弟,多年的谜团终于得以化解,原来自己班级经营的成功,并不能算是他个人的成就,还要感谢当年那个不知名的学生。当辅导主任问他时,学弟根本就已经忘记是否真的说过什么要把学生脖子扭断的话,而那位同学也说不出来第一个被威胁要扭断脖子的学生叫什么名字? 总之就是 A 告诉 B,然后 B 告诉 C,C 又告诉 D……这样一直地传下去。而且,似乎每传一次都会有些许的情节改变。

事件之后,老师们私底下讨论要不要和同学们澄清真相,但多数的老师似乎觉得有必要让这个杀人魔继续留在学校,所以学弟只好继续委屈下去了。不过,学弟从此知道要收敛他眼神的杀气,否则哪一天真的有同学被他吓死了,也是一件很糟糕的事情。顺带一提,那几个原本被留在学务处里等候隔离审讯的学生,在听到医护室里传来惨烈的哭声之后,大家都已经主动在学务处写下了自白书,那一件同学打架事件也因此顺利落幕。

故事背后

很多人都有经验,一件完全不曾发生过的事情,经过大家绘声绘影地传播之后,往往变得比什么都还要真实,特别是那种不知道谁是始作俑者的谣言,其可靠性及传播性似乎都更为坚定。最有名的例子应该是所谓的网络谣言了。从早期的传言:"蟑螂泡在可乐里,3 天之后居然完全溶解,尸骨无存。"到后来听说"妹妹背着洋娃娃"这一首所有人都听过的童谣,居然背景是一则鬼故事。或者,你可能也收到过这样的一封附图的邮件,内容是一张很奇怪的动物以及它的主人的相片,动物名字称为"狮虎",顾名思义就是狮子和老虎的混种,然后被人家养在家里当宠物。是不是真的呢?还有一则足以被称为国际悬案的音乐故事,不知道读者们是否听过?法国作曲家鲁兰斯·查理斯所做的《黑色星期五》,造成许多听过这首曲子的人都因为受不了旋律而纷纷自杀,最后世界各国联合封杀这首曲子,从此再没有人听过。这首曲子真实存在过吗?

网络谣言实在太多,读者们若是有兴趣,或许上网去搜寻一下,茶余饭后当个聊天话题也不错,不要太认真就好。回到本文,普雷肯尼斯(Pratkanis)等人做了一个有趣的实验:他设计了两段叙述,a:"曾经看到一则报道,一周工作 4 天是最有效率的工作方式。"b:"我觉得这则报道是骗人的,我根本一点都不相信。"实验者找来一群受试者,然后随机将他们分成三组,第一组仅提供 a 的信息;第二组先提供 b 的叙述,之后再提供 a 的信息;第三组则是先说 a 的信息,再提供 b 的说法。实验者要观察的是受试者对这则报道的相信及记忆程度。

信息刚提供的时候,第一组的相信程度最高,然后随着时间快速遗忘;其次是第二组,并且随着时间的流逝,缓慢地遗忘,到第六周,就和第一组一样差不多忘记了;第三组的表现最有趣,一开始是最不相信的,但是随着时间的经过,反而记得愈清楚,到第六周的时候,远超过前两组的表现。第三组的人会说:"我告诉你哦！之前不知道在什么地方听过有某个学者做了一个研究,研究发现一周工作4天,才是最有效率的工作方式。"这个不知道在什么地方的某个不知名的学者,居然扮演了非常权威的角色。这样有趣的现象就被称为"睡眠效果"。

为了解释这个现象,普雷肯尼斯曾经提出"区分性衰退假说"来解释这个现象。简言之,当我们先提供一个信息,然后才说这个信息是骗人的,那么"这个信息是骗人的"的信息会因为不重要而被快速遗忘,使得前者单独被留在记忆中时,会发生"我忘了是谁说的,总之……"这样的现象,使我们更相信这样的说法。

在应用上,或许直接举一些实例会更好理解吧！比方说有某个同学很讨厌数学或是数学老师,那么就可以对这个同学说以下两段叙述:a.上次听班上的数学老师和某个老师谈到你呢！数学老师说你很可惜哦！明明是很有潜力,可是却因为努力不够,没有办法表现出你的实力。接着说出 b 叙述:不过另外那个老师好像不同意,他觉得数学老师是判断错误了。听完这两段叙述,如果这个同学因此愿意多花一些时间在数学上,然后也得到了些许的进步,那么他就会更加相信自己果然有数学的潜力,而且心中多半会认定:"除了数学老师之外,还有别的老师也这么想。"

又如我们希望学生能对自己所属的班级更有向心力,大概也可以考虑以下的两种叙述:a.刚刚从教务处过来,好像多数的老师对二年级七班都有很不错的评价哦！b.但是老实说,我觉得他们应该是在开玩笑吧！同学们听完这两段叙述之后,或许会真心相信自己所在的班级果真是一个优秀的班级,那么平常在表现的时候,也会倾向表现出好的一面,以免这个好班级因为自己而蒙羞。

然而,若是认真去分析网络谣言的内容,似乎也不一定是睡眠效果就能够完全说明。我觉得可能要先考虑到以下几点的前提:首先,信息本身应该有某种程度的可信度。要鼓励同学跑步,对一个很认真跑 100 米,却只能跑出 17 秒成绩的同学来说,再怎么强调他有潜力,当事人应该也不会相信吧！其次,信息应该不要有太高的敏感性。要说服一个整天待在电脑前的同学离开电脑,然后说电脑每秒钟会释放 500 高斯的电磁波,持续接收得脑瘤的概率是常人的一万倍之类的话,这个同学应该一开始就会选择不想听吧! 最后是信息的可验性。愈是不可验证的内容,人们相信起来就会愈坚定。像是刚刚说的那一首《黑色星期五》,都已经被世界各国禁播了,大概也就没有机会找到原版来听了。

睡眠效果意外地为我们带出一个值得讨论的议题——"记忆是否可靠?"在心理学的研究中,愈来愈多的研究发现人们的记忆可以经由后来的事件,或是经由暗示之下而被创造出来。一位心理学家伊莉莎白·罗芙特博士(Elizabeth Loftus)自述,在她 14 岁的时候,有一次和母亲一起到舅舅家玩,隔天,她的母亲死在游泳池里,这件事一直是她心里的阴影,但是她一直无法清楚地描述母亲死时的样子。30 年后,在一次家族聚会中,有亲戚对她说,她是第一个发现母亲尸体的人,在刹那间,她觉得她的记忆全部回来了,她清楚回忆起她的母亲面朝下浮在泳池上时的服装,也看到一个小女孩无助地坐在蓝白色的游泳池旁边哭泣的画面。

接下来,她对母亲死亡的记忆忽然变得鲜明起来,每一个细节都是那么地清楚。然而,在若干日子之后,她的舅舅来电,说他弄错了,在重新访查了一些证据后,她当时根本就不在现场,发现她母亲尸体的,其实另有他人。罗芙特说她接了那通电话之后,过去的记忆又忽然之间像是被戳破的气球一般地消失了,让人怀疑那些鲜明的影像到底是从何而来?

罗芙特博士后来投身于"记忆扭曲"的研究,认为我们其实会因为某些因素,而去创造过去的记忆。这个过程并非蓄意而为,但是我们的大脑就是这么神奇。我在学校处理同学们的问题时,两个在争执间的同学到后来大打出手,a 同学往往会说 b 同学"以前"也曾经对他如何如何,但是 b 同学却坚持没有这回事。那么老师又该相信谁的说法呢? 我要强调,这里面就算不存在说谎的问题,我们一向很有自信的记忆,其实仍然有可能是虚构的幻想。

一般来说,好像"不好"的信息比较容易传播,人们也比较愿意相信,不知道这是一种什么样的心态? 但是那不是我们要关心的重点。我们希望运用睡眠效果,能够增强某些我们希望增强的信念,至于那些不好的信息,也希望能够借由知道睡眠效果以及记忆扭曲这些现象的存在,变得不要那么容易相信谣传。某种程度来说,运用睡眠效果好像是在说谎骗人似的,其实换个角度来思考,让同学们相信自己很优秀又有什么不好呢? 只要不要睁着眼睛说瞎话,硬是要让乌龟相信它可以跑赢兔子,适度地提供自信,绝对有助于发挥潜能。

9. 破窗效应 (broken window effect)

三年级四班

开学第一天，吕婉育老师略带兴奋地走进这一个班级，这是她第一年考上正式教师的资格。不过她之前已经在私立学校担任教职 4 年的时间，说起来也不能算是教育界的菜鸟了。虽然换到公立学校，她相信她一定有足够的能力来面对教学工作。

走进班级内，第一天的工作不外乎自我介绍、排座位、选举班级干部以及分配打扫工作等前置作业。在今天与学生的第一次接触之中，吕婉育感觉这个班级似乎有点"来者不善"。初步评估，34 位同学中大概有 3 位带头作乱的大哥、5 位看起来是喜欢附和的小弟、多数则应该是不会捣蛋也不喜欢读书的一群；至于还算愿意认真的同学，应该只在七八个之间吧！她不知道其他班级的情况如何，但是面对这种班级自己早就心里有数了。也罢！自己是新进教师，有什么好计较的呢？吕婉育当下在心中订定了她的教学计划：像这种班级，都已经到三年级了，那些自我放弃的学生已经可以不用考虑了，她决心把努力的焦点摆在那七八位同学之间，务必让他们能考上好的学校。

第一个月，一切果然和她预期的差不多，那 3 位带头大哥果然三不五时地在上课时作怪；多数同学平常一副懒洋洋的模样，不过总是在有人作怪的时候，瞪大眼睛等着看好戏。吕婉育才不会上了他们的当呢！要是在这个时候和学生交上了手，她就没有时间上课了，所以她对那些行为完全视而不见，目光的焦点完全摆在她认为还有希望的那七八位同学身上。事实上，为了方便起见，她已经把七八位同学的位子集中在教室的中心区,不仅方便他们认真上课,也方便任课老师对他们上课。此外,为了对这些同学有充分的照顾,吕婉育要求他们利用下课时间分批到办公室来读书。一方面是怕他们浪费了下课时间,二方面也可以就近关心他们的功课。

第三个月,吕婉育感觉那七八位重点同学好像有点动摇,有两三位已经开始出现不耐烦的表情。那3个带头大哥似乎已经玩累了,现在大多数的时间都是趴在桌上睡觉。取而代之的是另一批原本只敢附和的同学,这些同学应该是看到先前那些捣蛋的同学都没事,所以现在换他们放心地在课堂上聊天了。吕婉育没想到这一点,只是觉得奇怪,这些人平常虽然不读书,但是还算不会影响上课秩序,怎么现在好像愈来愈嚣张呢? 担心归担心,吕婉育还是坚守自己一开始的大原则,虽然现在愿意读书的同学只剩下5个,她还是决定救一个算一个。反正同学们不懂事是他们自找的,日后他们就会尝到苦果,那些想自我放弃的同学就放弃吧! 只要还有一个同学愿意相信老师,她就一定要让这个同学考上理想的学校。

第七个月,下学期的第一次段考刚考完后不久,吕婉育踩着沉重的步伐往教室的方向移动。老实说,她才刚失去最后一个教学的目标,还在思考一个没有观众的演员,要怎么说服自己继续在舞台上表演? 昨天到学校上课的时候,看到桌上摆了一张折起来的信纸,署名人是陈天慈。陈天慈是她当时仅存还算用功的学生,看到她一大早就写信给自己,还以为是要反映班上的情况。没想到把信展开,竟是陈天慈对自己的一番剖白,说是老师给她的压力太大,她已经承受不了了。陈天慈自诉自己不是读书的料,辜负了老师的一番苦心她也很抱歉,可是希望老师不要再特别关心她了,她不希望自己和其他同学有什么不同,所以希望老师可以放手让她自生自灭。

看到这一封信,吕婉育的心凉了一大截,她实在很不能理解,明明自己非常认真地照顾这些同学,为什么他们就是不能体会老师的一番心意,硬是要沦落到和那些不读书的人鬼混呢? 学测就在眼前,毕业典礼也在不久之后,毕业之后,同学们难道不是各奔前程吗? 为什么不把握住最后的机会,好好地做最后的冲刺呢？同学？同学还能有多久的时间，浪费了这最后一年的时间，一旦毕业后，同学没了，自己的未来也没了，值得吗？罢了，俗语说："牛牵到北京还是牛。"这些学生要怎样就怎样吧！反正我已经尽力了。

三年级七班

开学第一天，徐雅欣老师略带兴奋地走进这一个班级，这是她第一年考上正式教师的资格。不过她之前已经在各个学校担任代课 4 年的时间，说起来也不能算是教育界的菜鸟了。这一次终于如愿考上正式教师资格，她告诉自己一定要好好地珍惜这得来不易的工作。

走进班级内，第一天的工作不外乎自我介绍、排座位、选举班级干部以及分配打扫工作等前置作业。在今天与学生的第一次接触之中，徐雅欣嗅到这个班级似乎有点"消极颓靡"的味道。初步评估，34 位同学中大概有 3 位带头作乱的大哥、5 位看起来是喜欢附和的小弟、多数则应该是不会捣蛋也不喜欢读书的一群；至于还算愿意认真的同学，应该只在七八个之间吧！她不愿猜测其他班级的情况，但是对她来说，相逢即是有缘，她决定要使出浑身解数来让同学们喜欢读书。虽然，同学们从现在才起步面对学测或许稍晚了些，不过谁说人生只有一场学测呢？就算一年后的学测来不及，只要建立正确的学习观念，未来还长远得很呢！

第一个月，一切果然和她预期的差不多，那 3 位带头大哥果然三不五时地在上课时作怪；多数同学平常一副懒洋洋的模样，不过总是在有人作怪的时候，瞪大眼睛地等着看好戏。徐雅欣总是先警告那些捣蛋分子，虽然他们现在对学习没有意愿，但是仍然要尊重其他同学求学的权利。上课的秩序得到初步的要求之后，徐雅欣把目标放在那些"不好不坏"的同学身上，她试着安排一些简单的作业，鼓励同学们确实完成。此外，她也写了一张"教师晤谈时间表"，每天至少利用三节的下课时间，分批地把同学们找到办公室来聊天。刚开始同学们都很紧张，后来发现老师真的只是找他们"纯聊天"时，大家都变得很乐意了。只是大家都没有发现徐雅欣做了一个小小的安排:她让中间区的同学被晤谈的机会比较多。

第三个月,徐雅欣先是感觉那些大哥的小弟们不再那么盲从于大哥的指挥了;接着又感觉那3位带头大哥的动作有明显的减少,他们仍不愿意读书,但是已经懂得尊重上课的老师以及想读书的同学。至于她与同学们的聊天时间,在她的引导之下,居然已经加入了不少功课讨论的话题。班上那七八位会读书的同学变得很受欢迎,因为徐雅欣刻意帮大家分组,让这七八位同学有机会带领其他同学读书,而大家为了争取各组的荣誉,总是主动和这些小组长讨论功课。这一切看在徐雅欣的眼里,总是让她感到欣慰。没错!读书就应该是这样快快乐乐的,就算到时候学测考不好也没关系,他们现在所学的一切都将是未来学习的基础,只要基础打得稳,不怕日后盖不成高楼大厦。

第七个月,下学期的第一次段考刚考完后不久,徐雅欣意外地发现连周登诚也在起哄着要知道考试的成绩。周登诚是班上最顽劣的学生,在全班已经渐渐培养出读书气氛的时候,只有他还坚持而且要求其他同学不要浪费时间在读书这种无聊的事情上。徐雅欣并没有去斥责他妖言惑众,反而告诉其他同学要尊重每个人的想法。周登诚觉得读书不重要,那是他个人的想法,只要没有影响到其他人,每个人都可以保有自我的想法。这一天,徐雅欣发现周登诚也在询问段考的成绩,感动得眼泪都快掉下来了,口头却故带轻松地调侃他怎么忽然之间变了性,周登诚说他之前只是不想读书而已,又不是不会读书,这次稍微准备一下,顺手干掉几个同学,也可以证明自己的实力。

班上其他同学马上嘘声四起,笑着说他太臭屁了,周登诚也笑着反击回去,结果全班快乐地打成一片。徐雅欣看在眼里,竟然禁不住一边笑一边哭了起来。同学们看到老师这种怪异的举动,不约而同地停了下来看着老师。徐雅欣对同学解释她是太高兴了,这个班级是她担任正式教师的第一个班级,原本没有太大自信的,特别是自己在三年级的时候才来担任班导师,一直很担心没有办法把班上同学带好,可是现在看到班上同学的气氛这么好,她就感觉很欣慰。是的,学测就在眼前,毕业典礼也在不久之后,毕业之后当然即将各奔前程了,但是同学们今天这样快乐地嬉闹，却将永远留在各自的回忆之中。同学们现在的成绩，当然是比以往进步许多，却仍然可能考不上公立高中，不过这也无所谓，大家已经在读书态度上打下良好基础，以后不管读哪一所学校，相信都可以有好的表现。

故事背后

美国学者研究指出，在一栋建筑物里，若是有一扇窗子的玻璃被打破了，却没有人去做任何的处置，很快地就会再破第二块、第三块。当达到一定数量之后，整个破坏的速度更会呈倍速上升。心理学家想要研究这个关键的数字是多少？在什么样的情况下会让他人认为：这个地方反正是没有人在乎，所以可以随便破坏无所谓？这个数字其实并没有被人发现，因为干扰的变因太多，但是这样的现象却已经是普遍被接受的事实。事情会变好或变坏，往往只是一个关键点的突破而已，坏同学多到一定的数量，全班就会快速沦陷；好同学增加到一定数量之后，全班也会快速地步上正轨。

我太太的小妹读大学的时候，总会利用时间去打工。有一次她应征了一家泡沫红茶店，说是可以顺便学一些调制饮料的技巧。一个月后，我和太太一起去找她，尝尝她现学现卖的手艺，正开玩笑地说她可以出师时，她说不行，店长还没有把"扫厕所"的工作交给她。我还以为她在开玩笑，之后她才补充说扫厕所一直都是店长亲自进行的，因为保持厕所的清洁，决定了顾客怎么看这家店。她这么说我才想到我去餐厅吃饭的时候，也常常会以厕所的清洁度来判断这家餐厅的好坏。我记得有一家餐厅的老板说他固定每两三天就会为厕所里的花瓶换上鲜花。虽然只是小动作，却让上完厕所的顾客主动把环境整理干净，因为大家都不忍心让这样干净的环境坏在自己手中。

应用破窗理论而成功的最有名的例子，应该是前纽约市长朱利安尼整治纽约市治安的过程。为了减少纽约市捷运犯罪率高涨的问题，市长首先处理了看似与治安无关的整洁问题，消除了墙壁的涂鸦及捷运内的脏乱，让捷运不再与负面的印象画上等号。接着又加强取缔未买票进站的民众，让人不容易心存侥幸。若是连"未买票进站"这种小错都会被捉，当然就不敢犯其他大错了。事实上，在取缔这些未买票进站民众的过程中，还意外地破获了一些小型的犯罪。于是，这些小动作确实发生了作用，让捷运内的犯罪率大幅下滑。

回到学校，在一开始的故事里，我们可以发现吕婉育和徐雅欣两位老师拥有类似的背景，面对类似的班级，但是因为带班的逻辑不同，结果却有天壤之别。吕婉育老师可能比较实际些，既然国中生的任务就是努力考好学测，那么剩下这最后一年，当然是先救那些还有希望的同学了。只是，随着学测的逼近，紧握住学生的手就好像是握着海中的沙一样，不管手握得再紧，随着潮水退去，仍然无法阻止沙子不断地从手中流失。至于徐雅欣老师则是比较理想一些，她把目标看得更远，所以眼前的学测就变得不那么重要。她把重点摆在"不好不坏"的多数学生身上，结果就好像是滚雪球效应一般，一个、两个，愈来愈多的学生受到老师的感染。

徐雅欣当然是一位好老师，但是吕婉育可以说她是坏老师吗？我觉得问题出在教育环境的转变。在以前，想读书的同学总是多数，所以老师把焦点放在想读书的同学身上时，意外地也把注意力放在多数同学的身上，结果巧合地发挥破窗效应，把那些不喜欢读书的同学也带了起来。而现在呢？假性的资优班、变相的实验班的存在，造成常态班里同学分布的情形一点都不常态。在真正的常态班中，原本应该有足量的想读书的同学来带动风气，却因为资优班刻意集中了这些想读书的同学，导致剩余常态班里想读书的同学数量不足以带动全班的读书风气。

或许有些学校会说：我们学校并没有资优班，也没有进行能力分班，为什么学生的成绩还是考不好呢？我想，有可能是同学们开窍得慢，因为现在足以引诱同学们分心的刺激实在是太多了。不过这种问题不用担心，因为学生该有的成就绝对少不了。除此之外，分数的认定也会切割多数及少数的分野。老师要关心 90 分以上的少数同学呢，还是 60 分以上的多数同学？关心的族群不同，结果会很不一样哦！

　　离开分数,有经验的老师就会知道,能不能把一个班级带好,关键人物恐怕不是老师本身,而是班上有没有能够和老师配合的学生。我想再次强调"团体"的观念及重要性:老师和学生是不同的团体,这是没有办法改变的事实,老师如果愿意放下身段和学生打成一片,的确可以缩小两者间的差异,达到某种程度的效果,但毕竟还是有限。此时,如果老师一直没有办法在班上找到能够配合带动的同学,班级经营势必要事倍功半。

　　我说的可不是"金牌卧底小密探"哦!那是班级经营的技巧之一,虽然可能好用,却称不上是堂堂正正的策略。《孙子兵法》有云:"凡战者,以正合,以奇胜。"出奇制胜必须要建立在整个策略的大方向正确这个前提之下,战争是、政府运作是、公司营运是、学校管理是,当然班级经营也是。或许有些老师在"出奇招"(用很多的活动、表演,甚至奇装异服来吸引学生注意)这件事上获益不少,以后更是尽力钻研各种招式可能的变化,结果忽略了回头审视教育本质的内涵。到后来黔驴技穷了,可以怪罪学生喜新厌旧吗? 其实是一开始的出发点就有瑕疵了。

　　回到主题,老师需要有班上的同学可以配合,那么需要多少同学才会发生效果呢? 不用说,当然是多多益善。但是如果只有一个呢? 两个呢? 我记得以前看过一则小故事,有一个社会学家想要研究人的好奇心,他请了一个人站在街头看着天空,想要观察其他人对这个人的行为会如何表现? 会不会跟着一起往上看? 5 分钟过去了,尽管路人经过时多数会对他投以好奇的眼神,顺便也抬头看一下天空,可是明明就什么都没有,所以大多不予理会。7 分钟,有一个人耐不住好奇,靠到实验者的身边,询问他到底在看什么? 实验者给他一个含糊的答案,然后自顾自地专心看着天空。这个人禁不住好奇陪着一起看天空,两分钟之后,这个人实在找不到他到底要看什么? 所以就离开了。

　　12 分钟,又来了一个好奇的路人,他像上次那个一样陪着向天空搜寻一个不存在的事物,但是他比较有耐心,似乎不达目的绝不罢休。18 分钟,有第二个人加入他们的团体;23 分钟,第三个人加入;26 分钟,第四个人加入。他们彼此之间的对白很有趣:"你在看什么?""没什么,听说有一个不明飞行物体在天上，那边！你有没有看到！""哪边？咦！好像有点影子哦！那边！那个好像也是。""不是吧！那应该只是光线的折射，你会不会想多了？""喂！你们都找错了，有没有注意到那里，那可是佛祖显灵……""对耶！你看，那边是眼睛、嘴巴……""……"

从第四个人加入之后，加上原本的实验者，一共有 5 个人专心地往天空看，神奇的事就这么发生了，1 分钟后，第五个人加入；再过 40 秒，第六、第七个人加入；再过 28 秒，又来了 4 个人；当人群的数目愈大的时候，聚集的速度也变得愈快。真正的实验者在第 13 个人加入时就偷偷离开了，不过没人发现，大家还是在持续上面无意义的对话，认真而专注地寻找任何一个可能异样的物体。过了三十几分钟，有些人不耐烦了，有些人发现自己在赶时间，有些人脖子酸了，所以到后来人群也散了，街头回复平静，实验结束。

人就是这么神奇的动物。我在从事班级经营的时候，往往发现当某一个同学开始主动配合的时候，整个班级就忽然之间动起来了。一开始以为是这一位同学的独特魅力帮了大忙，后来发现"谁"好像不重要，重要的是他是"第几个加入的同学"。因为他的加入，满足了关键点的数目，启动了破窗效应的作用。这么有趣的数字到底是 3 个、4 个？还是 5 个、6 个呢？我想和每一个班级的特质有关吧！但是因为假性资优班的存在，学校把这些学生统统集中到某一个或两个班级去了，剩下来平均分配到各班的同学们，还有没有足够的数目来满足关键点呢？

在进行这种假的资优班或是违法的分组教学时，校长、主任都会说只要老师们尽力照顾，绝对不会有任何一个同学被放弃。不过事实是，在后段班的同学不管怎么努力地照顾，就是充满着带不起来的无力感。这么说好了，要养好一匹马，我们应该给它均衡的营养、充足的运动。如果有一个养马的人只是把马儿关起来不让它出去运动，每天吃好、睡好、兼做按摩；或是另一个养马的人帮马儿设计了各种的训练课程，可是饲料却是少得可怜。这两种养马的方法可以养得出健康的马儿吗？若是养不出来，第一个可以说营养还不够，第二个可以怪罪训练课程设计不当吗？同样地，学生的求学需要有老师认真教导，以及同侪之间相互砥砺,少了其中一项,效果注定大打折扣,绝对不是什么"老师再辛苦一点"就可以挽回的。更何况,如果从"团体"的角度来看,"老师的教导"与"同侪的互动",恐怕后者比前者要重要得多。

　　我相信每个同学都可以带得起来,只要班上有足够愿意配合的学生。所以拜托,把应该有的学生还给老师吧!我相信有少数资优的同学,的确值得特殊的教育方式,但是对于多数假性资优的同学,硬是把他们塞到资优班真的是在帮他吗?有没有帮到这些同学我要打一个大问号,但是却害惨了剩下常态班的学生及老师们。在一开始的例子里,大家应该都觉得徐雅欣老师很棒,但是我却不敢要求所有的老师都能像徐雅欣一样。我觉得我们不应该要求老师们超级优秀,优秀到虽然教育体制乱搞也能够拯救被放弃的学生。真正应该要求的是体制,希望能有一个健全的体制,可以让多数的老师都能够很简单地做好教育下一代的任务。

10. 联结与强化 (linking vs. reinforcement)

故事一

"八年级十二班赖育祥，八年级十二班赖育祥同学，听到广播后立刻到学务处来。"

在八年级的导师办公室里，曾欣婷对坐在她旁边的王淑惠老师问道："在广播你们班耶！赖育祥又出了什么事了?"王淑惠无精打采地回答："赖育祥？谁还管他啊！天晓得他这次又和谁打架了，反正待会儿学务处就会打电话来通知我过去协同处理。唉！我哪里有什么办法处理？顶多就是打个电话通知家长而已。他的家长也早就表示对这个孩子无能为力了；连他的爸妈都没有办法，我区区一个小小的老师又能够有什么方法?"

话才说完，办公室的分机响起，王淑惠心照不宣地看了曾欣婷一眼，上前去接电话。果不其然，学务处请她到场协助处理赖育祥的违规行为。回来后，王淑惠顺便把赖育祥带回来办公室进行辅导。曾欣婷一边批改联络簿，一边偷眼观察辅导的情形。虽然曾欣婷和王淑惠交好，但是曾欣婷一直不好意思老实地告诉王淑惠一件事，那就是她常常把王淑惠的辅导工作当成连续剧在看，用来打发上班的无聊时光。

王淑惠老师很严格，如果在操场升旗的时候听到有人在骂学生的声音，大概就是王老师在骂她班上同学升旗讲话，或是排队乱动之类的小事。在操场上，王老师不但骂人，而且还会指名道姓地骂，似乎有点故意要羞辱同学的感觉。为此，曾欣婷也曾经提醒过王淑惠，是不是帮学生留一点面子比较好？可是王老师很坚持这样才会让学生"不敢"再犯错。劝了几次无效之后,曾欣婷只好希望王淑惠这样的想法真正有效了。只是从每次升旗听到她骂人的频率来说,曾欣婷实在感觉不出这样的方法真的达到了什么目的。

再说到王老师把学生带回来办公室辅导的经过。最早的时候,她只是简单地处罚,外加一些威胁恫吓,可是不管怎么处罚,学生们似乎都不当一回事,威胁好像也只是把学生的胆子愈训练愈壮。于是,王老师开始改用说理的方式,帮同学把事件的前因后果分析清楚。这一部分比较有趣,不知道王老师是不是在开玩笑,曾欣婷听到最后的结局总是:"……你这个人以后就没用了。"不管是忘了写作业,还是指甲太长这类的小事,结局依然不变。学生当然不吃这一套,三天两头地,同一批学生就会再来一次。接着,那一次真的是把曾欣婷给吓了一跳,王淑惠在辅导到一半的时候,忽然语带哽咽,曾欣婷转头一看,竟然发现王老师红着眼睛在请同学们能够"成熟一点"。曾欣婷赶紧再把目光转向那些被辅导的同学,看着他们表现得手足无措的样子,迥异于平常那种满不在乎的神情,她不知道王老师是真的哭还是假的哭?但是这一次的方法或许算是成功了吧!

可惜好景只维持两周左右,那些同学又到办公室来了。曾欣婷看得出来王淑惠的疲倦,各种方法都用尽了(上次的泪水证明是"技巧"之一),难不成要向学生下跪求饶吗?这一次的辅导只花了短短的3分钟,王老师几乎只是象征性地交代几句,就叫学生回去了,赖育祥就是那几个同学的其中之一。在王老师表现出明显的失望以及无力感之后,其他同学好像收敛了一点点(真的只有一点点),但是赖育祥的违规行为却是变本加厉,任谁都无法控制。王老师选择对他的行为睁一只眼闭一只眼,刻意忽视他的存在,不过这也不代表王老师全面地放弃班级经营,毕竟班上还有不少同学吃她那一套。于是,曾欣婷在某一天听到了一句奇怪的对白。

那一天,王淑惠先是处罚了几个上学迟到的同学,接着打电话到赖育祥的家里,因为他甚至还没有到学校。曾欣婷只能听到王淑惠的声音:"怎么了?为什么现在还没来学校呢?""什么!睡过头了,这样不行哦!赶快起来洗脸换衣服到学校来。""没关系！这几节课我帮你请病假,你赶快来学校就好了。""嗯!就这样了,记得哦! 赶快来学校……"一时间,曾欣婷有点不能适应王老师的态度,怎么迟到几分钟的要接受处罚,睡过头没来的反而可以得到老师的好言相劝。王淑惠语重心长地说:"赖育祥反正是没救了,现在我能做的,只是尽量让赖育祥待在学校里,以免在外面交到坏朋友。"

故事二

高圣洋老师昨天没有睡好,早上又连续上了两节课,终于在第三节没课的时间,可以趴在桌上稍微休息一下。疲惫的他很快就进入梦乡,却在朦胧之中感觉到有人在说话的声音。他抬头搜寻办公室内声音的来源,很快地发现姜宜华老师以及她对面的学生,高圣洋心想:"哦! 别又来了吧! 办公室里许多老师喜欢利用自己没课的时间把学生叫到办公室来辅导,看样子,自己这个白日梦是不可能做得安稳了。"

高圣洋无奈地趴在桌上,却是一点睡意也没有,只好消极地闭目养神一会儿。果不其然,因为还没学会把耳朵关起来的功夫,高圣洋只能无助地任由姜宜华对学生碎碎念的音波持续冲击他的耳膜。大约过了二三十分钟,他感受到音量开始有变大的趋势,根据以往的经验,这是表示姜老师的演说接近尾声;同样地,这往往也表示他将听到那最让他不以为然的一部分。

"所以,老师已经跟你讲了这么多,你已经了解了吗?"

"……"(学生没回答)

"看样子你好像还是没有很清楚哦! 那么我再说一次,你现在还只是一个学生,要交朋友以后机会多得是,现在应该要把心思放在功课上面,懂不懂?"

"……"(同学还是没回答)

"懂不懂?"(姜老师再把音量提高四度)

"……懂……"(同学很虚弱地回答着,而且很明显可以看出他的不耐烦)

姜老师心满意足地说:"好! 希望你真的懂了,回去吧!"

　　同学离开办公室,高圣洋抬头看着办公室里的时钟,10 点 40 分,剩下 5 分钟下课,原本可以好好休息的第三节课,竟然就这样流逝了。他起身去上个厕所,回来后开始批改联络簿。下课钟响,老师们陆陆续续地回到办公室,不过奇怪的是,同学们也从四面八方涌入办公室内,整个办公室热闹得像个菜市场一样。高圣洋疑惑地看着办公室内这么多的学生,搞不清楚他们到办公室来的目的是什么。不过可以确定的是他绝对没有办法"安静"地做事。

　　上课钟响,同学们的声浪也像潮汐一般退去,整个办公室忽然间静了下来。在这么高的落差下,高圣洋的疲累好像又涌了上来,他警戒地看了全办公室一眼,很好,办公室里只剩下他了,他收拾好正在批改的联络簿安心地趴了下来,心想这一次不会再有状况了吧! 拿起午睡枕,轻轻地拍了几下,顺便调整一下坐姿,准备享受这片刻的安宁。没想到门一开,有人走了进来,他吓了一跳抬起头来,原来是赖惠芳带着学生进来,还好,赖老师虽然也常带学生进办公室辅导,不过一向把音量压得很低,不会吵到他。

　　一觉好眠,醒来已是午餐时间,高圣洋赶快到教室看同学们用餐的秩序,监督中午的打扫工作,然后盯着同学们赶快趴下来午休。看着大家似乎都已进入梦乡,高圣洋轻轻地回办公室,却看到办公室里七八个同学东倒西歪地坐在办公室的地上。只瞄了一眼就知道那些是九班的同学,想也知道是潘巧涵老师处罚同学在午休时间到办公室读书。潘老师人在教室里看其他同学午休,所以那些学生也就三三两两地拿着书本"聊天",完全忘了他们到办公室是被"处罚读书"。高圣洋摇了摇头坐回自己的位子不做任何表示,有什么好说的呢? 骂了别班的学生说不定要造成同事间的不快,更何况同学们通常也不会把别班的老师看在眼里。

　　放学,高圣洋上完最后一堂课,回到办公室收拾东西准备回家,临走前听到三班导师正在处理他班上同学的问题。

　　"哦! 所以你是因为昨天放学的时候被车子擦撞到,然后又看到四班的林绍志在笑你,所以今天才找人去打他的,是不是?"

　　"对啦,谁叫他要笑我!"同学很生气地回答。

古老师接着说："他笑你当然不对，但是你这样乱打人就可以吗？大家都像你这样，那我们学校不是每天都要发生打架事件了？"

"……我只是一时气不过，没有想到那么多。"同学先是一副"要杀要剐随便你"的态度，接着看到老师严厉的眼神，态度才稍微软化。

古老师说："那么你知道错了吗？"

同学回答："我知道错了。"

古老师又说："好吧！既然你知道错了，老师这次就不再处罚，希望你下次能够记住，好好控制自己的脾气……"

这时候高圣洋已经收拾好东西准备离开了。但是回家的路上他却一直在思考："因为对方笑他就打他是一个可以接受的理由吗？""学生认错之后就可以不用处罚了吗？"唉呀！他用力地把头甩了几下，告诉自己："今天太累了，还是赶快回家休息好了，现在身体的状况实在不适合想事情。"

故事背后

这一篇文章是我写这本书的起因，因为我觉得不管是老师还记不记得行为主义，或是家长们有没有听过行为主义，老师及家长们总是在不经意间，使用了行为主义中"联结"与"强化"的观念。例如：考试考差了就打屁股，希望孩子记得这个教训之后，能由屁股的痛而督促自己记得要读书（联结）；考试考好了会给奖品，希望这个奖品能加强孩子读书的意愿（强化）。在今年（1996 年）台湾通过的许多新规定里，有一条明定孕妇不可以抽烟。走在国际的前面，但是接着观察家又说：这一条法令并没有搭配罚责，很可能会达不到效果。又有另一则新闻说："元旦开始交通大执法，特别调高几种重大违规的罚金……"画面转到交通部某位官员的特写："……是的，我们希望借由提高罚金，能够遏止民众继续交通的违规事件……"诸如此类的说法其实也都是用到"联结与强化"的概念，而且是在心理学上比较不被认可的"惩罚"的观念。真有趣，当所有人都在要求老师不可以体罚学生的时候，我们的政府正不断地提高惩罚民众的手段。

　　中国人根深蒂固地认为"不打不成器",很多举措在无形中都用了行为主义的观念。然而,因为是在无意间使用行为主义,所以往往没有考虑到一些使用上的限制,也没有考虑到我们在其他不经意的行为中,学习也已经偷偷地在孩子身上发生了。这里或许有一点值得提醒所有的家长及老师们,孩子会怎么学,并不是来自我们怎么教,而是在孩子心中一点一滴所见、所闻、所想、所感的累积,我们不能只是一味地希望自己期望的结果会发生,自己没有想到的部分就一定不会发生。为此,我认为我们应该更认真地看待这个问题,不要让学生产生错误的联结,避免学生进行错误的强化。

　　在行为主义中,大致分为古典制约及操作制约两个派别。在古典制约中,实验者借由新旧刺激的配对,让个体学会在某个特定刺激出现的时候,能够做出特定反应,这就是所谓"联结"的观念。此时,学习者学到 a 原来和 b 有关系,所以看到 a 的时候,就会自然地表现出 b 的行为。然而,在日常生活中有许多的行为并不能用这种形式来解释。例如婴儿刚出生时,并不会发出任何声音。当他的身体发育成熟到可以发声时,发出来的声音往往也只是一些无意义的音节,但是当他偶尔发出类似"爸"、"妈"的声音时,爸妈就会很高兴地抱他、亲他。当这个婴儿认识到发出"这个声音"可以让身边的人高兴,他就会多发出这个声音。于是,有一派学者从这个观念出发,认为学习往往是来自所谓的"强化",这也就是所谓的操作制约。兹将上述两个观念简述于下:

古典制约

　　俄国生理学家巴甫洛夫(Pavlov)在以狗为实验对象的消化腺研究上,意外地发现一件引起他兴趣的事。当研究助理把食物送到狗的口中时,其唾液开始分泌,这是正常的生理现象;接着发现狗只要看到食物,就已经开始分泌唾液;后来甚至只要听到研究助理的脚步声,就看到狗已经开始流口水了。这个不足为奇的现象,却在进一步的研究之后,发展成行为主义的观念,主导心理学数十年的发展,不能不令人感到讶异。

　　且让我们以"用铃声搭配食物让狗流口水"的实例,来说明古典制约发生的经过:整个制约的反应大约分为三个步骤:(1)让狗看到食物(原始刺激),狗就会开始流口水(原始反应);(2)把铃声和食物搭配出现多次(制约进行中),因为食物会出现,所以狗还是会流口水;(3)狗只听到铃声(制约刺激)但没有出现食物,一样会流口水(习得反应)。当实验进行到第三个步骤的时候,其实也就代表着狗已经学习到"铃声意味着食物即将出现"这个事实,也就是说狗已经在铃声与食物之间做了联结。华生(Watson)曾经讲过一句名言:"给我一打健康的小孩,我可以随机地让他们成为各式各样的人才。"意思就是透过适当的联结,人们可以学会所有事物。

操作制约

美国的心理学家桑代克(Thorndike),用猫做了一个"迷笼"(puzzle box)的实验,开启了操作制约实验的大门。桑代克把一只饿猫关在笼子里,在笼外放食物。猫在笼子里急忙地乱冲乱撞,意外地踩到一个开门的机关,顺利跑出笼外得到食物。慢慢地,在多次练习之后,饿猫终于学到只要一关进笼子里,就会去踩踏机关出笼。桑代克把这个过程称为"尝试错误学习",并认为学习的产生来自三个基本定律:

　　1. 练习律:练习次数愈多,学习的效果愈好。

　　2. 准备律:猫是不是真的很饿了? 愈饿的猫愈愿意去做各种尝试。

　　3. 效果律:反应后是不是得到想要的结果? 如果是,下次就会想做相同的行为表现。

同为美国心理学家的斯金纳(Skinner)改良桑代克的尝试错误学习,提出了著名的操作制约的学习理论。他首先设计了一个更精密的斯金纳箱(Skinner box)取代饿猫迷笼,并且改以"强化"一词来取代效果律。若是个体在表现某种行为后得到适度的鼓励,那么个体在日后就会更愿意在类似的情境中，表现出相同的行为。

　　好了，且让我们来看看一开始的例子。在第一个故事中，王淑惠老师所选择的班级经营方式，一开始是威胁恐吓，希望学生把"行为"和"处罚"做联结。不过学生显然认为老师的处罚不是太严重，所以这个联结的强度就不够，宣告失败。这里有一个小小的地方值得注意，若是有家长或老师偏爱这种方式，请务必做到"一击必杀"，也就是不管用什么样的处罚，一定要确定有效才做，否则会加强孩子对处罚的免疫力（关于这一点，后面的"消弱突现"将有更进一步的说明）。尼采曾经说过："那些未曾置我于死地的打击，都将使我更为坚强。"多半也是这个意思（用这种方式来诠释大师的话，实在是对大师不敬）。

　　接着，王老师改用讲道理的方式，希望同学们能把"行为"与"后果"做联结。不过不知道是王老师说的道理不够清楚，或是同学们理解的能力太差，于是这样的联结也失败了。最后，王老师甚至使用了苦肉计，希望学生把"行为"和"老师的情感"做联结，当我这样写出来的时候，读者想必可以了解其中的荒谬之处。不过或许有不少老师会说他曾经用过，而且还真的蛮好用的，我觉得这是因为老师们激起了同学本性中良善的一面。这个动作有它的潜在危险，因为人性是不可以被测试的，万一学生在无意间发现了老师只是在演戏，后果可能非常严重。再说，我们不应该鼓励学生为了"他人"而努力，应该要教导学生分辨是非对错，然后做自己认为对的事情，并且学会为"自己"的行为负责。

　　这个故事中也有强化的影子。先来谈谈学校里有一些"习惯性违规"的同学们；若是偶尔犯规的同学，我会认为这是行为问题，但是有一些同学会习惯性违规，我就会怀疑这些同学其实是在用自己的方式寻求对自我的认同。

　　大家都希望自己是个很重要的人，也希望他人能够注意进而肯定他的存在。这种需求因人而异，而当事人能否从身边得到这种存在感也与所处环境有关。我猜测赖育祥可能长期受到他人的忽视，所以借由违规行为来吸引他人的注意。别人被老师叫去骂是一种处罚，对赖育祥来说可能是一种享受。或许老师会说："不可能，这个学生平常就跟着一堆小喽啰，怎么会有被忽视的感觉？"我猜想这是因为当事人已经学会了"违规才会被注意"，所以就算他现在有许多的小喽啰在身边,他还是会担心万一不违规了,这些人就会离开他,那么他又要回到孤单的一个人。为了避免这种现象,只好不断地违规以求注意。

当然,这不是绝对,我只是提出一个可能性而已。但是老师若是没有意识到这个可能性,那么老师的种种处罚方式往往只是在强化他的违规行为,而且为了得到更多的"关注",他会变本加厉地挑战违规行为的尺度。当王老师自认为已经被赖育祥打败,不愿再骂人的时候,赖育祥反而怀疑是不是自己还"不够坏"? 还不足以引起老师的注意? 最后,当赖育祥发现他不管再怎么坏都不能唤回老师的关心时,或许会放弃寻求他人的关注,完全变得自我中心,不再在乎他人的看法了,这种结局当然不好。

最后,跳脱赖育祥的想法,我们发现王老师在对赖育祥无计可施之后,反而态度一百八十度地大转变,跷课、逃学不再用处罚的方式,反而是温言相劝。对王老师来说,这是没有办法中的办法,不希望看到赖育祥在外面流浪。可是看在其他同学的眼里,他们会怎么解读这件事呢? 恐怕会认为:"原来我只要再坏一点,就可以得到老师的尊重。"如果意外地让其他同学产生这样的想法,这不是一个很糟糕的联结吗?

在第二个故事中,我最主要想传达的观念是:"不要诱导学生说谎!"不管是前半段姜老师不断问学生:"你懂了吗?"或是最后面古老师问学生:"你知道自己错了吗?"其实都是在诱导学生说谎。问题不是出在这两个问句,而是学生回答这两个问句之后的结果。前者,学生已经遭到姜老师一个小时的疲劳轰炸,不要说只是回答:"懂!"而已,就算要他承诺以后上课不睡觉,考试要考 100 分,大概都不是什么困难的事,反正先离开再说;至于后者,古老师在听到学生认错之后,心满意足地认为她的"教育"工作已经完成,所以就不需要再用任何处罚的手段了,这样的心态让学生乐于认错。因为不认错就会有错,而认了错之后反而就没错了,只是这时候的认错算是真心的知错吗?

高中的时候,读过欧阳修的《纵囚论》:唐太宗在准备秋决死刑犯的时候,突发奇想地让犯人们都有机会回家探视亲人,然后和他们约定日子回到京城赴死。期限一到,部分囚犯逃了,皇帝马上发布通缉令,处以极刑(古时候光是怎么死的,就有好几种分别);至于那些准时回来的囚犯,唐太宗认为他们已经彻底悔改了,所以就决定放了他们。隔年,太宗又重施故伎。欧阳修对这个事件的评论是:第一次回来的囚犯,或许可以相信他们的悔意;但是第二次以后,囚犯们或许是抱着侥幸的心态回来报到(不回来要永远逃亡,回来或许还可以赚到太宗的一念之仁),此时的心态已经不单纯,实在是不应该再放人了。

同样地,老师若是认为学生已经认错就可以不用处罚,很有可能会引导学生"假装认错",此时的认错只是在回避处罚,而不是真心悔改。归根究底,其实不能怪学生心机太重(学生的道德观薄弱,顶多就是趋赏避罚而已),反而老师应该自我检讨,为什么要提供这样的机会给学生说谎呢? 同样的事情一次又一次地发生,或许第一次学生还会挣扎着是否要说谎来寻求脱身的机会,但是不断地强化之后,学生愈来愈不在乎说谎所造成的心理压力,最后当然也就不会觉得说谎有什么不对了。

其实我们对政治人物的言行也有类似的强化作用。刚开始,政治人物想要乱开支票的时候,他们的心里应该是有压力的:万一跳票了,会不会被选民唾弃,该不该为自己的言行负责? 一旦发现选民不太在乎他跳票这件事,以后说话就可以再大胆一些。一次一次地强化之后,终于练到不管再怎么说谎,完全无愧于心的境界。这时候大家再来说不可思议是可笑的,因为这样的功力其实是大家在平常就不断地训练的结果。

许多人不觉得说谎是一件很严重的事,我认为这样的想法比说谎本身更加可怕,因为它会动摇人与人最基本的信赖关系。当人人都习于说谎的时候,我们将如何相信任何一个人所说的任何一句话呢?

在第二个故事中,我还想要强调"办公室的功用"。办公室有什么用呢? 其实不是我们说了就算,而是看我们怎么使用它,也就是说学生对办公室的联结,不是建立在什么白纸黑字的使用手册,而是来自学生内心真实的感受。办公室当然是老师办公的地方,此外,有许多老师会利用办公室来处罚同学的违规行为,例如:打架、作业不写、考试考差等;另外一些老师会把办公室当成辅导学生感情、课业、生涯的场所。这两个不同的任务能不能并存呢? 或许可以吧! 然而这些工作不见得一定是落在当事老师与当事学生之间的互动，环境本身也可能有加分或减分的作用。

以"处罚"的功用来说，如果叫学生到办公室读书是一种处罚，就应该注意不可以让他们在办公室里聊天、嬉闹。在无形中塑造办公室严肃的气氛，就好像我们到了图书馆，自然而然地就会把音量压低一样。若是能让学生一听到要去办公室读书，心里会紧张、担心，那么处罚的功用也就完成了一大半。相反地，若是到办公室读书还可以聊天、嬉闹，那么这种处罚一点意义也没有；学生反而还可以到办公室观察老师们"都在干什么"，回去还可以作为八卦中心，提高在同伴间的吸引力，本来想处罚，结果却成了奖励，岂不荒谬！

以"辅导"的功用来说，如果叫学生到办公室是为了生活上的辅导，其实也应该注意气氛的营造，您不会想要在谈到很感动的时候，旁边却有老师在大骂学生无耻，这样的辅导成效岂不是会大打折扣？其实，不管我们打算怎么定位办公室，都是通过我们的使用情形，一点一滴地强化出来的；强化到了一定程度之后，就会开始建立联结，形成刻板印象。办公室到底要怎么用，当然是见仁见智的问题，但是我诚挚地希望办公室一定要"有用"。若是我们没有去思考办公室的定位问题，一团乱的结果只是让办公室变成一个没有用的空间，岂不可惜。

我觉得做事真的不能只是贪图眼前的方便，更应该思考我们的一举一动，长期下来会有什么样的后果。本文谈到联结与强化，原本考虑把它分为两篇文章，却觉得这两个观念其实有许多的相似之处，很难做明显的切割。最大的相同点是：它们往往都是慢慢地发生在无形之中，等到我们察觉时，现象已经造成。这一点很值得警惕。

11. 惩罚之前 (before punishment)

在学校看到老师们在处理学生的偏差行为问题时，有些老师讲得气急败坏，恨死了学生犯下如此十恶不赦的大罪；有些老师讲得义愤填膺，觉得学生再这么不知检点，根本就是前途黯淡；也有一些老师讲得语带哽咽，希望感动学生能够体会老师的用心。当然，老师可能用上了一些表演的技巧，无可厚非，只要有助于问题的解决，老师选择什么方式都是适当的，但前提应该是学生要能够听得进去才行。我常常看到老师已经几乎是掏心掏肺地在对学生说话，学生却仍旧一副老神在在，任凭风吹雨打；有的同学面目呆滞，以不变应万变，不管老师说什么，总是"嗯、啊、哦"地回应；有的同学面露凶光，似乎在警告老师："你也不要太嚣张，逼急了，大家就来个同归于尽。"有的同学把头压得低低的，你正欣慰着他听进去了，却不小心看到他正和窗外的同学挤眉弄眼。

如果被处罚的同学做出了上述的表现，大家可以自行推测成效如何？只可惜我发现有许多老师仍然是"执迷不悟"。我猜这是因为当老师的人都是非常有责任感的人，他们不能忍受自己面对学生的偏差行为"什么都不做"！但是在各种的限制下，又不知道"可以做什么？"所以就算心里知道无效，该做的还是要做，这是老师的"义务"。

老实说，经过社会大众这么努力地"关心"体罚问题之后，我相信老师动不动就把教鞭拿出来挥舞的可能性已经大大降低了。但是学生的问题不能不管，于是老师们总是要花非常多的时间来和学生沟通：处罚前要先沟通，处罚后也要再沟通。这是好现象，但是在这个转型的时间点里，老师善意地想和同学沟通，却常常被学生解读成"老师是无能的"。我觉得老师们在处理学生问题，还没有到需要惩罚之前，可能仍有几点细节要注意。这一篇文章并没有什么心理学的理论或现象，只是我个人的经验之谈。

教育原点

我相信每一位教师都是抱持着一股热忱来从事这份工作的。但是在实际的教育现场折磨了一段时间之后，有没有可能，教师们已经忘了自己从事教职的原点了呢？

请想象一个状况，你站在山脚下傲然地对着山顶发下了豪情壮志，决定要为大家开拓一条没有人走过的道路，要挑战一座从来没有人爬过的高山。带着一把开山刀，你闯进了山里，沿途披荆斩棘，杀得好不快活；但是几天之后，你发现自己被困在一座密林里，已经过了两三天了，好像怎么都走不出这座森林，抬头也看不见山顶，不敢确定这个方向是否正确？理性上，你知道应该要先静下来，拿出指北针、高度计，好好地判断自己现在的处境，重新规划出一条确定可行的道路再出发。

然而这座森林似乎有种迷惑人心的力量，它引诱你继续挥舞你手上的开山刀，它似乎希望你砍到筋疲力竭，然后倒地，被森林吸纳为养分。对你来说，你似乎忘了"想要为后人开拓一条上山的道路"这样的大愿，结果手段成了目的，好像只要能够用开山刀把眼前所有的阻碍都砍掉，就已经是你进到这山里的目的了。到后来你迷惘了、虚脱了，同时也失去了继续开路的勇气，你不知道何处才是终点，不明白你的目标在哪里？于是你开始在这座森林里徘徊，反正看情形是走不出去了，干脆想办法让自己在森林里待着、耗着。没想到这一住竟是数年，数年之后的某一天，你忽然想到："我怎么会在这里呢？"但是你已经想不起来当年的理想了。

当老师的人就像是这个有着豪情壮志的人，带着满腔的热情闯进"教育"的丛林里。教书数年之后，或许你会感到迷惘，或许你会感到灰心，或许你会感到气愤，但是一直困在这个情绪之中是无济于事的，不如想办法让自己回到原点，重新再出发。

惩罚的意义

虽然惩罚长期以来在校园中被广泛应用,但是它其实并没有学理的背书。学校是用来学习正确行为的地方,而惩罚是用来消除不当行为的手段。理论上,因为学校不可能会教学生不良的行为,所以学生当然也就没有不当行为可以被消除,也就没有惩罚这回事。这当然是很理想的一个状况。事实上,所有第一线的老师或是家长可能会说:"才不是这样,我家里的那个小恶魔,哪有什么事情做不出来?"这就是我们要思考的问题了,如果我们都没有人去教导孩子不良行为,那么他们的不良行为是如何学会的呢?会不会是因为我们在无意中做了一些错误示范,才会让纯真的孩子们把大人的样子学了去?若果如此,在惩罚孩子之前,是不是要先惩罚大人呢?

长期来说,惩罚绝对不会让学生学会表现正当行为,所以它必定只能是一个短暂的手段,绝对不能被称作教育的一种方法。也就是说,惩罚不可以被单独使用,一定要配合辅导的工作。在惩罚之前,要让当事人知道他为什么被处罚;在惩罚之后,也要让当事人知道有什么正确的方法可以取代他原本不良的行为。

惩罚是不是体罚?个人对文字的运用没有那么讲究,如果有人说是那就算是吧!虽然我个人反对体罚,但是我并不完全排斥体罚,因为我知道这不是那么容易戒除的。只要不要把手段变成目的,大致都可以接受。有些老师是为了对被害者家长有交代,或是违规同学的家长要对学校有交代,所以要狠狠地打给别人看,像这种为了体罚而体罚就很不应该。

有一件事情值得一提,虽然学界的理论一致反对惩罚,但是倒还蛮鼓励当事人应该受到"自然的惩罚"。所谓自然的惩罚,意思就是当事人做了什么错误的行为之后,应该让学生真正感受到这个行为所造成的后果。例如校规里早就规定了打架要记小过一次,那么同学打架之后,当然就是记一次小过,而不是告诉他再给他一次机会,然后这一次就先打两下屁股。我在我的《逃学老师》里写了一篇《爱他?害他?》就是觉得现在的很多老师或是家长,都不舍得让孩子去接受他们应该有的"自然的惩罚"，反而是百般呵护，帮孩子逃掉各种的处罚，结果孩子学不到应该为自己行为负责的态度，做起事来当然就是不顾后果地横冲直撞。

态度的掌握

不管同学们犯了什么错，老师通常不会马上就开铡，总是要把学生找来问清楚再说。如果找学生来是要对他讲话（训话？），请先确定学生的眼神焦点在老师身上，耳朵也在正常运作当中。而且在谈话的过程中，要随时提醒自己："学生的心思还在不在？"适时的停顿是不错的选择。谈话说到一半忽然停下来，这突如其来的沉默，常常能够把学生的注意力再度集中。经常看到老师愈讲愈投入，发现学生好像心不在焉，一急之下又说得更激动，一场独角戏演下来，竟是什么事都没发生。当我找学生来谈话时，我会先要求学生看着我；当我发现他有恍神的现象，我会问他："哈啰，你还在吗？"当我注意到他开始左顾右盼了，我会暂停谈话，请他先把注意力重新集中后再开始；如果他一直都不能集中注意力，我会请他先回去，下一节下课再过来。

如果学生确实在听，姿势或许可以不用太过讲究，在听最重要。但是当学生开始表现不耐烦，或是有抗拒的态度出现时，千万不要针对学生的态度来骂人，这样会让你们两人的关系变得更糟，结果你这一次的约谈不但没有解决问题，反而是再多制造一个问题。试着忽视他不合作的态度，转而要求他的外显行为——姿势。学生当时若是站着，可以请他立正站好，虽然不用要求像基本教练一样标准（如果有必要，花一分钟训练一下也无妨），但是绝对不能用三七步站着。如果当时学生是蹲着，请他抬头挺胸，双手分别放在两边膝盖上。不可以让学生弯腰驼背，还用手指在地上画圈圈。坐在地上的处理和蹲着是一样的，如果当时学生坐在椅子上，请他身体离开椅背，腰杆挺直坐好。我看过有老师在对学生训话的时候，学生整个人瘫在椅子上，跷着二郎腿，还一抖一抖地晃着。像这种谈话怎么会有效果呢？以上的要求若是同学做不到，或是无法改善，千万不要生气，请他下一节课后再来。

语气的掌握

老师说话的语气一定要轻松。可以在态度及神情上严肃，但是千万不要大声讲话。有一次在电视节目里看到一个学生的谈话，让我警惕了好久。他说："当我看到老师对我大声的时候，我心里很清楚老师已经输了。"我想他这句话的意思是，当老师不得不把老师的架子摆出来，不得不用权威（大声说话）的手段来威吓学生的时候，同时也表示，老师在"理"这个字上似乎已经站不住脚了。

就算老师并不是因为"心虚"而大声，让学生学会这种行为也不是好事，搞得好像大声就可以让他人就范，这算什么教育呢？不管是在班上还是在办公室，和学生谈话的时候使用普通稍轻一点的语气讲话，也算是在帮学生保留面子；否则若是学生以为别人都注意到你在骂他，为了维护自尊，他的防卫机制只好启动，而你们之间多半也就没有交集了。

有一些情形可以算是例外吧！例如当时的环境嘈杂，为了要快速吸引当事人的注意力，只好用力地大吼一声。一声就好了，当他注意到之后就应该把他带离那个环境，然后恢复正常语调。或是有时候学生态度嚣张，不把老师放在眼里，只好先表现出气势，让他知道老师还是老师，不容他这样轻视。不过有些老师真的天生柔顺，若是没有把握，这时候最好请人协助。

时间的掌握

时间是很宝贵的，尤其老师的工作那么多，万一下一节上课时间快到了，而学生也看准这一点对你使用"拖"字诀该怎么办呢？千万不要草草结束，那就表示学生的拖字诀成功了，大可以告诉他既然现在不想谈，那就下一节下课再来吧！相信我，不管你是要打他、骂他，学生大多都是不痛不痒，学生最怕的是烦，叫学生每一节下课都来谈一下话，绝对会让他受不了。其实谈话的内容贵精不贵多，如果老师的谈话能够切中要害，时间往往是愈短愈有效果。多注意学生的眼睛，有经验的老师往往能够从学生的眼神中看出他是否听懂了老师想说的话。如果学生的眼神有抗拒之意，请他下一节再来；若是学生已经有所领悟了，谈话最好先告暂停,以免本来已经产生的反省,又因为自己的啰嗦而变质。为了保险起见,可以请学生隔两三节课(或隔天)之后再来,如此可以做确认,也可以和学生做更深度的讨论。

此外,谈话的时间最好是利用学生的休息时间,通常是下课时间或是放学时间。一般情况下,不建议占用上课时间或是午休时间,或是任何班上同学集体行事的时间。有时看到某些老师很认真,总是牺牲自己的午睡时间和同学们谈话,可是一谈就是好几天,我总是会开始怀疑这个同学是不是因为不想睡觉,所以才借故来找老师谈话。上课时间当然也是一样,学生很容易借由找导师谈话来逃避不喜欢上的课。像这种动机不单纯的行为,当然不会达成我们预期的目的。老师为什么会这么容易上当呢? 因为老师们大多很热心,只要学生说"我需要你",老师大概就愿意把心掏出来给他了。

上述说的是一般情况,若是有紧急事故,学生都已经割腕或是捶玻璃了,当然要第一时间处理。

人数的掌握

除了感情上的问题,学生的状况很少是单独一个人发生。面对问题时,老师们当然想要一次把它解决掉,所以难免会一次把所有相关同学一起找来。这时候很容易陷入僵局,因为不管老师怎么威胁利诱,任何一个同学都不想在其他同学的面前示弱。这时候可以考虑个别了解,但是不要让其他同学回到教室,应该请其他同学在办公室外等着。被询问的同学背对着办公室外的同学,看不到其他同学正在注意他,而其他在办公室外的同学虽然听不到,却可以看到老师的表情以及处理过程。老师这时候可以做一些拍肩的动作、倾身向前听的动作,仿佛同学告诉你很多事情一样。问完话的同学请他先站在另一边等着,不要让他和未问话的同学有机会接触。不管有没有得到想要的信息,大家问话的时间最好差不多,而且每一次都要表现出很感谢学生配合的样子。在次序方面,问话最好由最不可能说的人开始问起。

上述的情况有点类似问案的过程。说实在的,还有许多细节可以介绍,但是似乎不便写得太明白，万一被学生知悉，老师岂不是要破功了。不过话又说回来，我比较建议让学务处来做这样的工作，让导师能专心地做好柔性的辅导者角色。

不谈问案，老师有的时候会处罚学生在下课时间到办公室来看书。嗯……不是处罚，是利用下课时间把学生叫到办公室来加强功课。我其实不太喜欢这种行为，但是如果真的要做的话，也应该考虑自己到底可以照顾到多少个学生。不能因为有 14 个同学不及格，就把 14 个同学都叫到办公室读书，结果变成这 14 个同学在办公室里开同乐会，像这样就是一个很糟糕的示范。假设自己最多能一次看顾 3 个同学，那么每一次就只能请倒数 3 名的那 3 位同学过来（可能是成绩、秩序或整洁工作倒数）。或许你会说还有其他人的表现也都不好，难不成就算了吗？其实，若是这个方法有效，被请来办公室读书的同学很快就会督促自己不要成为倒数 3 名之一，他或许会变成倒数第 7 名或是倒数第 4 名，总之，他真的有进步了；而其他表现不好的同学若是没有进步，或许就是下一次倒数 3 名的人选，以此类推，效果不就达到了吗？总比 14 个人在办公室里开同乐会强过许多。

不管老师打算做什么动作，应该都有背后的动机，希望达到什么样的目的。我觉得有一些老师可能忘了思考这部分的问题，那么很容易会让自己的好意变成没有意义，实在是太可惜了。

道理的掌握

很多老师（家长）喜欢讲道理，这是可喜的现象，否则我们的教育又要走回数十年前的那种威权体制了。可是讲道理的难度比过去强调威权的方式不知要难多少倍。要对学生讲道理的时候，实在要先多充实自己在各方面的知识，以免面临讲道理讲输学生的窘境。对于完全不懂的领域，最好不要做任何申论，立刻另辟战场，免得闹出笑话。例如线上游戏，多数学生都在玩，多数老师都没玩过，老师如果只会说："那个东西有什么用？以后能够当饭吃吗？"（真的有电玩测试员的职业）多半只会让学生嗤之以鼻，从此丧失老师万事通的身份。

　　讲道理还有许多注意事项。首先，老师当然不会闲着没事干，整天对学生说教，通常是在学生犯错之后，为了让学生了解他所犯的错才会循循善诱地唠叨。这时候会有一个问题，学生所犯的错是不是有他应得的惩罚？或许是记警告或是要罚站、罚写课文等，此时，惩罚的动作一定要在说教之前。对大人来说，说教是为了孩子好，希望孩子能懂事，下次不要再犯；可是对孩子来说，听大人说教的本身就已经被视为惩罚，他这么配合地耐着性子听大人说教，心底想的多半是以为说完就没事了，若是说完了还要再处罚，孩子会觉得他被骗了，或是他的行为遭到双重处罚，反而会把说教的内容完全抛弃。

　　其次，这是我最担心的一点：千万不要迷信讲道理一定可以通。是的，讲道理是一个大原则，但是若事事都要讲道理会出现几个盲点。其一，学生看准了老师一定会讲道理，而且自己还非得听"懂"不可，那干脆就在第一次表现出很忏悔的样子，或许可以逃避处罚，至少也不用听太多遍无聊的道理；其二，学生通常是可以分辨是非对错的，但是他为了回避自己的错误，看准了老师喜欢讲道理这个习惯之后，顺口就说一个歪理来为自己的行为辩护。老师中计后，很认真地对学生解释这样的观念是不对的，一番你来我往之后，学生原本的错误就被模糊掉了，老师也沉浸在"终于让学生懂了"的喜悦之中，殊不知学生正在一旁偷笑呢！

　　其三，有些老师觉得孩子还小，可能说一次不懂，那么就说两次、三次，到最后他自然就懂了，这样的想法可能会被学生利用，因为他只要每一次都装傻，老师就会每一次都原谅他的过错。或者，老师的耐心终于在第 n 次崩溃了，不得不摆出老师的权威来要求学生认错，这个时候学生就会觉得老师根本就是一个表里不一的双面人，从此对老师失去信心（就算学生前面 n－1 次的不懂都是装傻也一样，只要最后证明老师果然是双面人，学生前面的说谎都可以被合理化了）。

　　我要再强调一次，讲道理是好事，千万不要因噎废食，被学生欺骗一次之后就不再沟通了。我必须这么说，若是老师因为讲道理而被学生骗了，那么应该检讨的是老师讲道理的心态及技巧，而不是讲道理这个大原则本身。有的时候，我们做事也应该考虑一下效率，若是对 10 岁的小孩要讲 3 个小时才能让他懂,是不是先要求他接受,等到 15 岁的时候,再花 20 分钟让他了解比较好。我认为纯威权或是纯沟通都不是一个好方法,甚至持中庸之道,一半威权一半沟通的方式也不一定最好;而是在孩子还小的时候,威权要多一些,随着孩子的年纪增长,沟通就变得更重要。反观现实,许多家长的做法似乎刚好相反,孩子还小的时候拼命沟通,结果发现小孩真是不理性,等到长大了反而放弃沟通,那么彼此当然只好发生冲突了。

12. 旁观者效应 (bystander effect)

场 景

还记得刚教书的头几年,有一次在九份办了一个"高雄师大北区山社校友大会"。会中,一位学长和我们分享一件令他很难过的事情。学长的故事让我们很感动,但是我们也都对故事里学生的行为感到不解。

故事是这样的,某一天的第六节下课时间,大约是扫地工作已经完成,第七节课还没开始的时候,学长班上的一个同学被隔壁班的几个同学围殴,那一位同学第七节没上就回家了(可能是翻墙离开的)。学长第七节有课,下了课也就跟着大家一起放学回家,完全不知道发生什么事。

隔天,那一位同学还是没有来学校,学长打电话到他家关心,才知道原来是被打了,而且事发地点就在自己的班上。当时心中震恁:这么重大的事情怎么没有人向老师反映呢? 学长马上和任课老师调课,直接到班上处理这个问题。一进班上,同学们一开始还在起哄老师临时调课,让他们都没有准备,不过很快地,同学们都发现学长的神色不对,有些机灵一点的同学已经猜到是怎么一回事,马上就静了下来,然后很快地,全班都把头低了下来,一副忏悔的样子。学长由左至右,缓缓地看了全班一眼,接着对全班同学表示,既然事发地点在班级前的走廊,扫地工作的时间,不可能没有班上的人在现场,请知道的人说一下当时的情形,到底是哪些人到班上来逞凶? 同学们鸦雀无声,头似乎弯得更低了。没有反应? 好吧,那么请大家把看到的情形写下来,每个人都写,然后折起来交到前面。

学长收集完全班的纸条之后,还没看内容,先向大家晓以大义:"大家能够在同一个班上也算有缘,就算不是同学好了,在路上看到有人出车祸难道不会想去帮忙吗?怎么可以任凭别班的同学这样打人,自己就在旁边看热闹呢?就算不敢出手劝架,难道找一位同学来找老师,或是去向学务处说一声也做不到吗……"才说着,下课钟声就响了,学长回到办公室检查大家所写的纸条。内容不外乎以下几种:"我去上厕所了,不知道"、"我在篮球场,不知道"、"我到别班找朋友,不知道"、"……"全班的纸条内容只有一个:"不知道!"

看着这些纸条,学长呆住了。他不是难过校园暴力事件,也没有想太多什么帮派的问题,而是被同学之间的冷漠吓傻了。一个自己班上的同学,姑且不论他的人缘好坏,一个每天会在自己眼前出现的同学被人围殴,大家居然可以对这样的事件视若无睹?还在难过的时候,学务处打了通电话来请学长过去,原来是家长带着孩子到学校来兴师问罪了。家长一一展示孩子身上的多处伤痕,头、脸、胸、腹、四肢,到处都是淤伤、擦伤,看得在场的老师们都为这个孩子心痛。

大家大气不敢透出一口,静静地听着家长发泄怒气,数分钟后,主任才请同学回忆当时的情形。从同学的口中得知,打他的人一共有5位,其中有人拿球棒,有人拿木棍,也有人拿椅子的。那时候他刚从厕所出来(班上的教室就在厕所旁),就被人踢倒在地,然后他只顾着保护头部,所以什么都没有看到,可是他很清楚,旁边有很多的人在看,却没有一个人愿意帮他。学长强忍着心中的激动,不断地向家长道歉,也向主任报告到目前为止处理的情形。家长恨恨地离去,只希望学校能够给他们一个好好的交代。

中午的午休时间,学长再度回到班上,他叫全班同学站着,把刚刚才听来的情节复述一次给大家听。他问全班同学:"你们有没有看到吴俊翔身上受的伤?有没有想过这件事情万一发生在你们身上,你会做何感想?好,这一次是吴俊翔被打,你们没有人愿意站出来。下一次呢?下一次如果换了是你(学长指着某个同学),你也希望全班没有人愿意帮你吗?全部的人都是孬种,不要说事情发生的时候,你们全都躲了起来,竟然在事情过了之后,还没有人愿意出来说明事情的经过，你们的良心都到哪里去了……"接着，一阵突如其来的鼻酸，他忍不住哭了出来。这一节课的时间，原本他是想要全班同学跪下来忏悔的，可是膝盖一软，自己反倒跪了下来，他一边哭，一边对同学说："算了，教书教成这个样子，我还当什么老师呢？王八蛋，都算我的错好了，是我没有把你们教好，让你们一个个都成了这样冷血的僵尸。读书？还读什么书？像你们这样子，书读得再多又有什么用？"

学务主任和生辅组长正好在这个时候到班上，主任看到这个情形，赶紧叫生辅组长把学长扶回去。接下来主任是怎么处理就不知道了，只是凶手很快就被找到，而主任也狠狠地给了他们教训，一切后话不提。

学长在九份的山上，趁着酒意说出了这么一段往事，我们全部的人也都不知道该如何接口。虽然是夏夜，一道晚风吹来让我们都打了一个冷颤，不知道是风冷，还是心冷？

故事背后

2006 年 4 月 28 日看到一则新闻报道，一项针对台北市国小学童所做的研究调查发现，有二成六的小学生曾经有过轻生念头，近五成的小学生对目前的生活感到压力。细问压力来源之后，发现第一名是课业压力，第二名是父母期望，第三名是老师期望。其实，总括来说，前三名的压力讲的根本就是相同的东西——"课业"。

家长都会有望子成龙的心态，从这个心态衍生出来的错误，实在是难以避免的事。但是老师们如果也抛弃教育专业，一起加入这个"残害民族幼苗"的工作，实在是难辞其咎。为什么眼睁睁地看着学生在眼前受苦，心里却仍然能够不为所动呢？答案很简单，因为"反正大家都这么做"。这样的心态正符合了本文所要讨论的现象。

1964 年，美国发生一起杀人事件，有一个女生在社区的中庭被谋杀。尽管谋杀的过程很长（18 分钟），这个女生的叫声也很凄厉，该社区的住户也大多发现了这一起谋杀案，但是居然没有人出来帮忙，甚至，一直到这个女生死后（没有惨叫声了）10多分钟的时间，才有人想到要报警。这个社会事件引发心理学家的注意，于是，达利（Darley）等人设计了以下的实验。

实验者规划几个密闭的空间，找来一群大学生来参与实验，其中一个大学生其实是实验者安排的临时演员。他们各自在密闭的房间里，借由无线电的方式互相聊天，谈一谈他们彼此的大学生活，演员会在聊天的过程中，借机说明他有癫痫的病史。之后不久，演员就会开始表演癫痫发作的情形（当然只能听到声音）。研究者想知道，在其他房间的大学生们听到有异样时，会不会出来救人呢？实验操弄三种情况，第一种是只有一个大学生和演员对话；第二种情形是有两个大学生和演员进行三方通话；第三种情形是有五名大学生和演员进行六方通话。

实验结果是，在第一种情况下，大学生会很快跑出来帮助；在第二种情形，往往要到演员已经表演到没有声音（昏迷）了，才会有大学生出来看看；在第三种情形里，即使已经听不到挣扎的声音了，仍然有七成的大学生躲在房间里不出来。像这种因为有其他旁观者的存在，反而使个人提供帮助的意愿降低的现象，就称为"旁观者效应"。

分析旁观者效应，其可能的原因如下：

1. 责任分散：有愈多人在场的时候，每个人会"感到"自己的责任愈小，觉得应该会有"别人"去救，所以自己就可以不用操心了。

2. 从众行为：一群人在一起的时候，个人会倾向于效法他人的行为。别人不动，我就不动。

3. 社会赞许：一般来说，我们会追求他人的赞许，逃避他人的取笑。但是现在的社会倾向于"在心底偷偷鼓掌，在口头拼命取笑"，于是就形成多做多错、少做少错、不做不错的现象。

以上述的故事为例，很明显属于旁观者效应所造成的后果。学长会生气、失望的反应是合理的，但是同学们冷漠的心态也是合理的（指的是人性如此，不是这种行为值得效法）。同学们在当时可能也是吓傻了，没有办法适时地做出正确的反应；而事后，同学们只想快点忘掉这一件不愉快的事，因为他们其实是有良心的，他们会因为自己的冷漠而有罪恶感，然而不够成熟的同学们，只会使用"否认"的策略来逃避罪恶感。

因为有旁观者效应存在，我们不应该太期待人们在面对"他人的状况"时，会表现出正常的反应，所以只好平时就不断地做"危机处理"的演练，也就是说老师们平时就应该教导学生，看到有人被欺负了，应该怎么办？最好是能够实际地演练一次（或多次），就算在演练的过程中，充满了无厘头的嬉闹，它依然能够在事情真正发生的时候，收到该有的成效。

有一个"海滩上的研究"也值得我们注意。实验安排两个人，A单独带着一台随身音响到海滩上听音乐，然后中途离开；这时候B会鬼鬼祟祟地出现，打算把随身音响带走。实验者观察在身边的其他海滩上的游客，会不会出面制止呢？结果发现，若是A在离开前请某人帮忙看一下，那么那个人有95％的可能会制止B把随身音响带走，但是如果没有做这个动作，只有20％的人会出面制止。一个口头上的要求，确实可以提供他人某种程度的责任感，进而负起责任。这也是为什么在心肺复苏术里，口诀所提到"叫叫ABC"这五个步骤中，这两个叫的意义（随意指定身旁的路人，请他维护现场秩序，以及另外叫人通知救护车）。

不一定要班长才能在班上发生状况的时候，对其他同学发号施令，决定谁去劝架，谁去向老师报告，但是如果没有事先指定，又担心会发生大家都在等着别人提供工作分派的指令。我以为老师应该就平时的观察，不明显地请几位比较有正义感的同学来做这份工作。例如在演练时，"随机"地找几位自己心目中内定的人选来扮演发号施令者的角色，这样可以强化他的责任感。

为什么不要直接指派呢？我以为有一个观念很重要：我们可以接受事情的处理没做好，但是一定要确定帮老师做事的同学不会受到报复。当然，最好的情形是，经过我们良好的教育之后，每位同学都有"天下兴亡，匹夫有责"、"校园事,全校同学所共管"的观念,那么也就不会有所谓"打小报告"的现象。但是实际上,嘿!嘿!我们也不要骗人了,我们的教育离上面的阶段还很远,这时候当然要想办法保护那些愿意和老师分享班上或校园里发生的事情的同学。这件事说起来很不光彩,不过我们的校园就是这么一回事,有些同学热心地来向老师报告,结果回头就被另一些同学围殴。

在校园管理出现问题的学校,最常听到老师在指责学生:"为什么没有及时通知老师?"仿佛某个同学受害是这个受害者本身,或是受害者身边的人没有及时通报的错,这种说法也是一种推诿之词。校园发生问题,一定是校园管理出了问题,同学不敢(不愿)向师长反映问题,更是校园管理出现严重瑕疵所致。如果领导者不懂得做自身的反省,只会指责、批评下面的某某人没有做好,问题只会愈益严重而已。

我很讨厌使用"打小报告"这样的说法,它本身给人一种负面的信息,似乎打小报告的人就是道德上有缺陷的人。我比较希望同学们来向老师反映事情,并不是因为他跟那个人有什么纠纷,希望借由老师的手来教训他,而是因为那个人的所作所为影响了班级的发展,为了能让班级变得更好,所以才向老师报告;不是希望他受到惩罚,只是希望他能够改过。既然改过才是主要目的,惩罚当然就不必太过严厉。

我时常和同学分享"生命共同体"的观念,记取几年前印尼暴动的教训。如果每个人都只关心自己,或许自己的确是变好了,但是那些行为偏差的学生在校园到处作乱,自己又哪里有地方可以安心学习呢?好吧!就算大家在学校里的时间不长(3年),忍一忍就过去了,那么一毕了业之后大家就没有瓜葛了吗?从此好学生们一路平步青云地进到上流社会,真的就和这些坏同学不再有接触了吗?说不定哪天,有一个暴民跑到你家丢汽油弹,你与这个暴民打了一个照面之后发现,对方居然是国中时被分到慢班的同学,而对方也认出你居然就是当初看不起他的那些好学生之一以后,顺手再补给你两颗汽油弹。

希望大家能借由知道旁观者效应的存在,进而避免旁观者效应的发生。毕竟,一个和谐的校园环境,应该是由全体成员共同合作的结果。

13. 消弱突现 (extinction burst)

场景

　　王老师教了 20 年的书，居然到了快退休了才遇到他教书生涯的最大瓶颈。自从教育主管部门严令禁止体罚之后，他就好像是一个被要求禁止带斧头上山砍柴的樵夫，一个人待在森林里，看着眼前一根根的巨木，却不知该如何下手？

　　再把整个教学生涯重新回溯一遍吧！就以"上课讲话"这件事来说，最早的时候，同学在上课的时候讲话，经任课老师向他反映之后，王老师就会把这个同学抓过来痛骂一顿，然后拿教鞭狠狠地往屁股上抽打一下，同学很快就会听话了。后来，据说打人是不被允许的管教方式，于是王老师只能把讲话的同学好好地"劝说"一番，但是一点效果都没有，上课讲话的同学依旧讲话，就连小声一点都没有。想了想，觉得这不是办法，还是继续祭出教鞭好了，王老师又继续打学生。可是说实在的，愈打愈心虚，三不五时地在电视新闻上看到老师体罚学生的报道，虽然在报道中大多都没有提到那个体罚学生的老师后来怎么了，但是想到自己也有可能因为打学生而上新闻媒体，他那提起教鞭的手就不自觉地软了下来。

　　好吧！只好请出学务处帮忙了。接下来，如果又有任课老师来反映同学上课讲话的问题，王老师都把他送到学务处处理。然而，王老师所怕的事情也正是学务处的主任、组长们所担心的事情。主任最常挂在嘴边的一句话就是："我们也是领薪水的，何必为了别人的小孩，和自己的钱过不去呢？"所以学务处处理这一类的事件大多是下课时间罚站。先不说这样做说不定还是会被抗议，更重要的,学生还是不怕啊! 被送去学务处处罚的学生,回到班上之后总是变得更加嚣张,学生说:"去学务处也没什么,主任还不是对我客客气气的。"

自从学生去过学务处,而且发现学务处没有想象中可怕之后,学生的行为开始变本加厉了。不仅上课的时候讲话,老师叫他安静还会顶撞老师,甚至连三字经都脱口而出。王老师再想了一想,这样也仍然不是办法,还是把学生收回来自己管好了。说是要自己管,可是到底该怎么管还是没有头绪。对了! 记警告好了,虽然大家都知道有校规这回事,不过好像没有人把校规当一回事,反正现在已经是没有办法了,就算是把死马当成活马医吧! 实际做了之后,王老师发现:记警告的确是一个办法,但是它仍然没有办法阻止同学们的违规行为,同学们一点都不觉得被记警告或记过有什么大不了,顶多只是让老师心里有些许的安慰:"至少我处罚了违规行为,对其他同学也算有交待了。"

有了这样的心态之后,王老师在"依校规处理"这件事上也变得不是很积极,当学生违规的时候,有时候会依校规处理,有时候只是口头训诫,有时候更是灰心到干脆睁一只眼、闭一只眼算了。在一次导师会报的时候,王老师终于忍不住把这个问题提出来,他说:"虽然学生违规之后,我都按照校规该记什么就记什么,而且也都通知了家长,但是不但学生不在乎,好像连家长也都无所谓,像这样记过下去,到底会有什么影响吗?"主任回答:"王老师可以告诉学生,万一一直被记过,到最后三年级毕业的时候,他就会因为操行分数不及格而拿不到毕业证书,学校只能够发给结业证书。"王老师心想:"结业证书? 可是那是学生毕业以后的事,惩罚要及时,现在才刚升上二年级而已,同学们哪里会去思考两年后的未来?"他私下把他的疑虑告诉主任:"结业证书是以后的事,但是有困扰的是现在,难道现在真的一点办法都没有吗?"主任说:"如果以校规来说,最重的处罚大概就是让学生带回家,在家教育一个星期。虽然以前没有试过,不过如果有同学这么顽劣的话,倒也可以试试看。"

于是,在一次上课期间,王老师班上的一位同学和任课老师发生冲突,是怎么开始的不知道,但是最后学生气冲冲地离开教室,而且一边走还一边骂三字经。附近三个班级的学生及老师都看到了这一幕戏,也发现这名学生就是大名鼎鼎的张信伟。这下子事情闹大了，全校师生都在等着看这位同学会受到什么处罚。主任也同意祭出最严厉的处分，于是勒令这名同学从明天开始，在家教育一周的时间。

这一周的时间可以称得上是该班的蜜月期吧！少了这么一个专职破坏的同学，这一周全班上课的秩序真的好多了（相对来说）。但是一周的时间毕竟不长，眼看着明天张信伟就要回来了，王老师的胃也开始不时地抽搐起来，他希望张信伟能够从这一次的事件中得到教训，但是他对于这个希望一点信心也没有。明天到了，但是很幸运地（不幸？），张信伟并没有出现，虽然心中窃喜，但是形式上还是要赶快和家长联系，只是家长也找不到他的人。

第二天，这位同学终于到学校来了，原来是因为这位同学在家教育的这一周时间，几乎都在外面过夜，山中无甲子，居然忘了一周的"处罚"时间已经过去，应该回到学校上课了。在回来的第一天，班上其他同学一有机会就问他这一周发生了什么有趣的事情。看着他讲得一副口沫横飞的样子，王老师在一旁摇头地想："看样子，这样的处罚方式又错了，原本应该已经是一个最严厉的处罚了，没想到非但没有让学生得到教训，却让他像电影明星一样地受到欢迎。唉！难道，教育就是这个样子了吗？"

故事背后

在正式分析上面的故事之前，我觉得有必要先谈一谈教师管教问题的发展经过。为什么教师会从以前是快乐地到学校上班，而且下班后还可以让父母为了自己的职业而骄傲，演变成现在是每一天到学校都要有"上战场"的心理准备，下了班还要被批评为十八趴的既得利益者、寒暑假不做事只领钱的米虫？我以为原因如下：

有一阵子整个社会舆论、媒体一片挞伐的声浪，严格禁止教师体罚学生，造成学校内的老师心生惶恐，大家用了多年的管教方式，忽然之间成了谋杀民族幼苗的主要凶器；至于原本是人人尊敬的老师，好像也开始为人所不齿，"不思长进"、"没有爱心"、"既得利益者"……，一大堆负面的批评蜂拥而至。老师忽然之间遭逢如此"重大变故"，在面对学生的违规行为时，反而变得有点手足无措。当此之际，或许有些老师能够迅速地调整自己的心态，重新寻找一个可以得到大家认可的管教方式，重新寻找新世代教师在社会上的定位。然而，似乎多数的老师并不能从这一片"不信任教师"的气氛当中走出来，结果变得有点消极："好吧！你们要我不要打，那我就不打好了，反正是你家的小孩，关我屁事。"于是，学生偏差行为的管教问题出现空窗期，没人管了。

　　或许只是一个学期的时间，老师们发现，学生的违规行为绝对不是所谓的"关我屁事"，而是足以决定上班情绪、工作成就感的大事。这下子问题严重了，怎么改变这个状况呢？学校于是把校规搬出来："乱丢垃圾记警告一次，上课讲话记警告一次，上课听 MP3、打手机也是记警告一次；考试作弊记小过一次，顶撞师长记小过一次，情节重大者记大过一次……"然而，实际执行起来发现，学生好像不在乎被记警告或是小过、大过之类的处罚。

　　此处需要先跳开来谈一下"处罚"。所谓的处罚，其实是一个心理历程。我们可以到幼稚园里看看，这些小朋友在玩的时候，互相推挤、碰撞，甚至跌倒在地，小孩子总是无所谓地站起来继续玩；然而若是因为犯错被父母、老师叫去训话，就算只是轻轻地打一下屁股，孩子就忍不住要哭出来了。是因为痛吗？不，是因为孩子知道他错了，而且正在受处罚。如果孩子没有这一层的认知，需要父母以"用力"的方式来让孩子感到痛，就算孩子真的哭得很大声，这也只是一个生理反应（痛→哭），孩子并不见得知道他错在哪里。像这种处罚就是没有意义的处罚。

　　如果孩子已经知道错了，还需要接受处罚吗？我认为还是需要，特别是年纪愈小的孩子（国高中以下其实都还很孩子气），愈需要线索来帮助他们记忆哪些行为是不适当的行为；也因为他们还不够成熟，自律行为的机制尚未完全建立，只好依赖外在的奖惩来帮助他们。处罚不见得都是不好的，我们的立意并不是要"恨"他，也不是要他为自己的行为得到"报应"，而是希望当事人能够借由被处罚的过程，学到未来不会再犯相同的错误。基于此，处罚的形式真的不重要，重要的是要让孩子认可这样的处罚方式。

有些人认为既然孩子知道错了，就不用再处罚了，我认为这种想法实在后患无穷。首先，它破坏了我们与孩子事先的约定（犯什么错，得到什么处罚应该事先约定，法律、校规都算），这件事会让我们的公信力打折扣，以后孩子也会对我们所说的话打折扣。其次，因为孩子的自律行为还不够成熟，若是我们不能适时提供外在刺激，孩子将没有办法（或是需要较长时间）学到正确行为。最后，我们其实应该担心，孩子会不会因为"认错就可以不用受罚"这样的心态，所以就假装认错；若果如此，孩子说谎的行为其实是大人造成的。

回归主题，学校被强制要求禁止体罚之后，只好再把校规拿出来。但是如前所述，处罚是一个心理认同的历程，虽然校规一直都在，但是因为一直都没有得到足够的重视，此时虽然迫不得已地再度把它搬出来，不仅学生不把它当一回事，连老师都怀疑它的功效。一开始就预期无效，后来也就证实了它果然无效。

某种程度来说，我是赞成整个社会"大力"批判体罚这件事的，因为它终于让我们这些教育工作者重新思考教育的本质是什么。虽然在刚开始的时候，我也曾经非常不习惯社会如此"小题大作"，然而，若是进一步思考，又觉得除非是这样全面性地批判，否则可能很难改正这种传统吧！或许每一个方法都有它相对应的时空背景，"不打不成器"的观念，在过去的时代可能是最好的方法，但是时代是会变的，我们怎么可以预期过去用过的好方法，会是未来也可以适用的好方法呢？

我觉得现在还是有很多老师困在迷惘之中，一方面认为不可以体罚（并不是心理认同，只是担心体罚后会为自己惹麻烦）；一方面又觉得记警告、记过等校规是没有用的处罚。可是在这两种矛盾之外，似乎又找不到第三种方法来规范学生的违规行为，所以日子只能过一天算一天，这也是我们的教育产生乱象的主因之一。说实在的，若是老师们只剩下"校规"这个工具可以用，为什么要去怀疑、抱怨它呢？应该想办法让它变得有用才是。

读者看到这里，可能会很不以为然："为什么老师永远都只是在想处罚的方法呢?"在此做个小小的补充说明:老师们面对学生的偏差行为时,一开始都很愿意用沟通的方式让孩子有改过的机会,但是辅导毕竟是一件耗时又专业的任务,不见得适用于每个老师以及学生的身上。在时间(老师的工作可不是只有学生偏差行为的辅导工作而已)与空间(老师面对的学生也不会只是一个而已)都不许可的考量下,退而求其次,只好建立一个大家可以接受,而且几乎每个老师都可以使用的制度。惩罚当然不是最好的,在理想的教育底下,根本就不应该有任何惩罚的观念。只是我们都活在现实中,而现实生活中,惩罚恐怕是不能避免的手段。我不想鼓励惩罚,只是在不能避免的情况下,希望把它的伤害降到最小,功效发挥到最大。

　　绕了这么一大圈,应该开始来分析故事了。然而,本文有一件很棘手的问题要先做说明:行为主义里的学习强调的是"增强",不管是正增强或是负增强,都是希望通过我们的手段,让个体的某种行为的发生频率(或强度)增加;至于学校里最常提到的却是"惩罚",也就是希望通过某些方法,让个体的不良行为发生频率(或强度)减少,这两种的基本逻辑很不一样。在此,只是借用行为主义里类似的现象,来解释使用惩罚时的现象,但是两者是不相同的。

　　在古典制约的过程里(以铃声搭配食物来让狗流口水为例),若是经过一段时间都只有铃声没有食物,狗就会知道这个铃声是骗人的,就不再流口水了,这个现象叫做"消弱"。在消弱阶段的早期,制约反应的强度和频率都会增加,这个现象被称为"消弱突现",我们可以把这个现象看成是一个暂时的过渡阶段。若此时再持续消弱,反应就会完全消失。以小狗的例子来说,当狗已经学会铃声与食物的配对联结之后,它已经预期听到铃声就代表食物要出现了,所以会有流口水的生理反应。此时,在铃声之后忽然不给食物了,狗反而会更加拼命地流口水(或许它以为口水多流一点,食物就会出现),这个阶段就称为"消弱突现"。然而,这只狗很快就会发现,不管流再多口水也没用,就慢慢地不愿意流口水了,到这个时候才称为"消弱"。

　　在实际使用惩罚的手段时,原本上课讲话可能会被老师打手心,后来因为不能体罚了,所以改为记警告。但是记警告这个动作还没有在学生的心里形成惩罚的感觉，所以就好像是讲话没有受到惩罚一样，于是讲话的频率及强度都会增加，但是这应该只是一个暂时现象，很快就会回到一个平衡状态。我想用"发禁"来做说明，或许比较容易理解。多年来，头发一直是同学们很压抑的话题，后来，教育主管部门明令废止发禁，于是全台的中学生头发得到解放。此时，或许老师们可以观察到，同学们花在头发的时间变多了，同学们的发型也变得千奇百怪、五花八门。但是，一段时间之后，所有的搞怪花招又将恢复平静。当然会比当初有校规要求时还要开放，但是通常也不会有大人们想象的严重。

头发的问题毕竟只是小事一桩，在一群人揭竿而起之后，顺势就达成某种程度的成功（有些学校可能还是会继续要求），但是体罚的问题可就没那么容易了。再怎么说，头发只是个人问题，不会影响太大，但是管教问题影响的层面就很广了，同学的偏差行为不仅会干扰到教师的上课，破坏全班同学的学习经验，甚至会影响到全校的风气、风评。发禁解除之后，不管头发变得长一些，或是怪一些都还可以接受，但是偏差行为就算不能制止，任何一项违规依然不能容忍。

倒不是老师们不愿意放弃体罚，实在是找不到有什么代替的方法可以用。在此，我要大力推荐"校规"这项制度（说实在的，也是因为老师们只剩下它可以用了）。但是老师们在转换处罚方式的时候，因为还牵涉到学生心理的认同问题，所以还要记得"教"同学们这一套新的处罚方式，让同学们知道虽然被记警告、记过不会"痛"，但是后果可能会比痛更糟糕。更重要的是，老师们自己就要有信心，这是一个合法而且有效的惩罚方式。

刚开始要由体罚转换成纸笔的违规记录时，同学们的违规行为可能会有变本加厉的现象，这是类似消弱突现的反应，千万不要误以为校规没有遏制违规行为的作用，然后又回到体罚模式，或是"无奈"模式。如果因此而放弃，可能会引发另一种危机，更值得大家小心在意。

在教育心理学里，有关惩罚的研究还有一个称为"负效惩罚"（negative punishment）的现象。意思是当惩罚的动作在违规行为尚未停止之前，施罚者就先行停止，这样的举动会让相同的违规行为在以后类似的情境中，发生频率更高、强度更强。

举一个简单的例子来说,若是老师在上课时觉得同学很吵,于是就大声地喊:"不要吵了!"但是同学们可能不是很配合,老师在奋斗了一阵子之后,可能感到气馁了,也可能因为上课的进度压力,不允许老师再花时间在班级秩序的维持上,或还有其他的原因。总之,这个老师在还没有达到目的(安静)之前就放弃要求了,他决定自顾自地上课就好,管他学生能不能吸收,像这样的现象就称为"负效惩罚"。在这样的事件中,学生学到了以下的观念:"反正我讲话也不会有事"、"只要我坚持,老师就会让步"。最后,学生的讲话现象会更难处理。我觉得老师在面对同学的违规行为时,想到的第一个念头可能不应该是"怎么办",而是"要不要办",因为如果要处理,就一定要看到结果,千万不可以半途而废。老师们在处理问题之前,要先考虑能不能处理,如何处理,否则做到一半才发现做不下去,只会让事情变得更糟。

在一开始的故事之中,王老师最早选择了"送学务处"这样的处罚方式,但是学务处的处理方式似乎无效(或是不满意)。于是王老师放弃了,采用"记过"的方式,但是在还没有看到成效之前,又再度放弃了,变成睁一只眼、闭一只眼、得过且过的消极态度。最后,学校祭出最重的处罚——"在家教育",但是实施后也没有认真地评估、检讨整个处罚方式的功效,又武断地认为"完全没有办法了",然后自己陷在痛苦的深渊之中。这一连串的过程其实都犯了"负效惩罚"的错误。

以最后"在家教育"的惩罚失败这件事为例,王老师及学务主任的态度都说这是因为"家庭功能不彰",所以在家教育才会变得没有用,反而让学生快乐地放了一个星期的假日,这种说法似是而非。要知道,任何一个"家庭功能正常"的家庭,应该都不会产生出需要"在家教育"的学生,在家教育本来就不应该期望家庭功能的发挥。在家教育的意义其实是一种隔离政策。消极地说,它让其他同学可以得到片刻的安宁;积极地说,它要借着隔离同学于学校之外,让他感到学校的重要性。

是的,同学"在家教育"的时间可能会到处闲逛,整天耗在网吧里,但是大家或许可以考虑另一个角度:同学的心理地位。这位同学在校外的"地位"绝对不如在校内的时候。在校内的时候，他敢搞怪、作乱，吸引同学的注意，他是大哥级的人物。但是在校外呢？他所做的那些搞怪动作都没有人关心，失去了观众之后，表演又有什么意义呢？另外，在校外他只能当外面大哥们的跑腿小弟，这又有什么好骄傲的呢？

或许我们观察到学生被罚了"在家教育"一周之后，回来好像更嚣张了，而且谈起那一周的假期更是眉飞色舞，结果就以为我们的处罚方式真的错了。但是仔细想想，难道我们真的期待学生被罚了一周之后，回来会对师长忏悔，自陈他这一周过得如何辛苦，多么希望能够回来学校上课吗？把学生送去学务处也是类似的现象，同学们都会说："到学务处也没怎么样。"然而，就算真的有怎么样，难道学生会老实说吗？这种想法未免也太天真了些。再说，若是真的不怎么样，接下来也应该是和学务处研究，想办法让学务处"可以怎么样"，而不是产生不信任的感情，然后互相推诿。

谈完了这一篇令人不愉快的文章，我一定要再次强调，我是非常反对体罚的，甚至我也不赞成任何形式的惩罚。然而，在现实的考量下，只好阶段性地把惩罚当成手段，目的是要完全废除惩罚。既然实施惩罚是这么一件不愉快的事，我想，大家只好认真地来讨论如何让惩罚的措施变得有效率。本文提供"消弱突现"和"负效惩罚"两个现象，希望师长们在实施惩罚的过程中，不会受到"消弱突现"的迷惑，不会陷入"负效惩罚"的困境当中。

14. 自我实现预言 (self-fulfilling prophecy)

场 景

那一年,我的班上有一个从台中来的转学生,事后回想起来,还真该感谢当年的一些作业疏失,让我有机会真正去认识一个转学生。

转学生的个子不高,皮肤黝黑,看起来就很强壮的样子,班上同学很快就帮他取了一个"小黑"的绰号。刚开始,小黑很安静,这一点也很正常,所有的转学生都一样,刚到一个新环境,总是需要一段适应时间。

可能是他的外形吧!每次看到安静的小黑,就忍不住怀疑他似乎有一些心事,因为他实在是不像一个"内向"的同学。接下来,我试着找一些小事让他做,意外地发现他的能力其实不错,事情总是完成得迅速确实。几天下来,同学们和他渐渐熟稔了起来,打球、聊天都会主动找他,只是他的话依然不多。我想要找他的 B 表(导师用以记录学生生活常规表现的表格)来看看,才想到他的 B 表不在手边,因为转学时不知道出了什么问题,B 表就没有顺利地和学生一起转过来。

观察了几天,我愈来愈觉得小黑真的是有心事,只是我们才刚见面,不敢贸然地碰触他的隐私。我猜想,若是他觉得我足够被信任了,应该会愿意对我说吧!刚好这几天想更换班级干部,我私下找他来会谈,询问他担任班长的意愿。小黑吓了一跳,一直说他无法胜任,他以前从来也没有当过班长……

我请他安心,顺便也告诉他我对于"班级干部"的看法。"班级干部"当然是老师的小帮手,对老师来说,干部们的能力愈强,老师也就相对地愈轻松;但是对同学们来说，"班级干部"却是一个训练自己能不能有效领导别人的好机会。社会上只有两种人，一种是被人领导的人，一种是领导别人的人。然而"领导"不是一项天赋，没有人天生就是一个领导的人才，现在的领导强调的是"得到他人的认同"，而不是"用权力去逼迫他人"。原则上，我每个学期换一次干部（最多两学期），就是希望尽可能地让同学们都能够有机会去练习，至少去感受领导者可能面对的困境。没当过班长没关系，只要有意愿，老师会从旁辅导……

小黑答应了，而且果然没有让我看走眼。这么说吧！虽然我认为领导的能力不是与生俱来的，但是有某些人好像天生就具有领袖的魅力，而小黑好像就有这种魅力。我在培养班级干部的时候，并不会做示范给他们看，而是让他们用自己的方法做事，等他们受到挫折之后，再来和他们讨论他们做事的方法。通常，有一些人会用自己的"身份"去要求其他同学（我认为这些同学大多是被大人教坏了），这一类的领导方式大概都不会有好下场，就算事情做完了，他的朋友也都得罪光了；另外有一些人是"埋头苦干"型，不管老师交代什么事，他总是独立完成，不知道是找不到人帮忙，还是不好意思找人帮忙，这一类的领导方式最后也总是不得善终，要不是自己累得要死，就是家长打电话来拜托"不要让他的孩子当干部"。

小黑就不一样，他不会用"班长"这个角色去命令班上同学做事，也不会事事都揽在身上，他会找到适合的人来做事，然后又尽可能地帮助这个人完成工作。在老师面前，事情是那个人完成的，可是在同学的心目中，小黑的功劳却是不可抹灭。老子曾经说到"道"的奥妙："……生而不有，为而不恃，功成而弗居。夫惟弗居，是以不去。"没想到，我居然在一个国中生的身上看到"道"。那个学期，我因为我的"慧眼"，轻松而愉快地过了一个学期。我愈来愈欣赏小黑，同学们也愈来愈喜欢小黑，到下学期的时候，小黑以高票获得留任，想想也快毕业了，最后一个学期要忙升学的杂事不少，有小黑担任班长，我也安心些，所以干脆原班人马全部留任。

然而，下学期开始才一个月，竟然发生打群架事件，而且还是由小黑带头。学务处处理完之后，照例我又私底下把所有人单独叫来办公室了解状况。小黑是主角,我把他留在后面,至于其他同学的说法则大约一致:事情发生在篮球场,同学们在打篮球的时候,因为推挤,不小心撞到一旁十三班的江大伟,江大伟因而跌了一跤,窘态百出,周遭同学立刻一阵哄笑。江大伟气不过,要班上同学跪下来道歉,同学不肯,江大伟立刻就找人围了上来。小黑当时在隔壁球场,一看情势不对,立刻跳出来保护自己班上同学。几句"怎样!""又怎样!"之后,江大伟作势出手,但是小黑反应快,眼看江大伟即将出手,右手立刻握拳出招,后发先至,江大伟的拳头还没到,左颊已然中招,整个人向后跌开数步之遥。江大伟的朋友们一拥而上,却没料到小黑真是深藏不露,在左闪右避的情况下,仍然能插空隙出拳……

同学们个个讲得眉飞色舞,浑然不知他们很可能因为这一次事件被记上一次小过。不过说实话,身为导师,就好像是他们的家长一般,听到孩子在外和人打架,心情总是紧张,听到打架打赢了,心里好像有那么一点……欣慰?(这种心态好像不太好)总之,我大概对整个事件有了轮廓。特别是学务处强调,小黑在事件发生之后,立刻带着班上同学到学务处自首。接着我找小黑,请他在我旁边的座位坐下。他不言,我不语,彼此沉默一段时间之后,我开口问他事情的经过,小黑只是简单地说:"老师,对不起!打人就是不对,我愿意接受处罚。"

后来我和学务处协调,所有参与群架的人全部在放学后留下来做劳动服务。事毕,我也没再找小黑谈过这一次的事件。终于,骊歌响起,毕业典礼过后的隔天,我一早到校就看到桌上躺着一封信,小黑趁着一大早就从办公室的门缝里把信塞进来。展开信件,我禁不住红了眼眶。

老师:

　　谢谢你一直这么照顾我。刚转学过来的时候,我一直在担心你什么时候会知道我的底细,也不知道当你知道我的底细之后会怎么看我?没想到,你竟然一直都没有找我谈我的过去,甚至还给我机会担任班长的工作。当时我很害怕,还以为老师是故意要陷害我,可是慢慢地,我觉得老师是真的关心我,同学们也没有人把我当成不良少年,和我保持距离。我知道，这都是老师刻意帮我隐瞒的结果。

从小，就没有人真的关心过我。我的爸妈在我国小四年级的时候就离婚了，虽然我和爸爸一起住，但是爸爸整天只有工作，学校的老师也只会逼我读书。国一的时候，我在网吧认识了一些人，开始和他们玩在一起。刚开始，我爸爸什么都不知道，直到我在夜市卖盗版光碟而被警察带走的时候，在警局里，我看到我爸爸那种鄙视的眼神，我心想："就给他烂吧！反正我只不过是一个烂人！"接下来，我参加帮派，参加过几场火拼，然后又被警察以违反"枪械弹药管制条例"起诉。我在看守所里待了两个月，忽然觉得这一切都变得好没有意义，我根本就觉得自己没有存在的必要。

看守所出来，我爸爸帮我转学，我无所谓，心想："转就转吧！反正我到哪里还不是都一样！"没想到，我竟然有幸能够遇到你。3月底的那一次打架，我知道我一定伤了老师的心，但是老师不但没有责骂，反而又再继续给我机会。老师，我不知道该怎么表达我的感谢，但是我知道老师给了我一个新的生命，我一定会好好把握这一次机会。

小黑

读罢，我才想到我还真的没有翻开小黑的 B 表看过。记得他的 B 表一直到下学期开学的时候才送过来，只记得很有"分量"，但是当时小黑的表现那么好，也就不急着翻开来看看。从档案夹里抽出来，才发现小黑真的有很丰富的历史。纳闷着，若是当时 B 表和小黑一起过来，在看完 B 表的叙述之后，我对小黑的态度会不会有所转变呢？

故事背后

个人对他人（或自己）所形成的想法，会影响他人（或自己）的行为，最后导致他人（或自己）的表现，符合一开始预期的态度及行为，就好像印证了他人（或自己)的预言一般。这样的现象就称为自我实现预言。

罗森塔尔(Rosenthal)和雅各布森(Jacobson)曾经做过以下的实验。他找来数十位在智力测验的表现上属于中等的小学生,随机地分成两组,然后对小学老师谎称(实验操弄):第一组的同学在智力测验上是属于资优生的一群;而第二组的学生则没有什么特殊之处。在一个学期的教学之后,再度把这一群小学生找回来重新做智力测验。两组同学的智力测验表现都进步了,但是第一组的同学有更明显的进步。实验者把这个现象称为"自我实现预言",因为原本智力表现相当的一群人,却因为老师对他们的期待不同,而有不同的成长速度。

其实在日常生活中,自我实现预言的现象比比皆是,但是很奇怪,尽管我们会希望在我们身边的人都是好人,却总是不经意地做一些负面的预期。不管是正面或是负面的预期,都会发生自我实现预言的效应。只是当对方顺着我们的预期而表现出负面行为的时候,我们总是一边说:"看吧!我早就说他不是个好东西。"一边却又感叹:"唉!怎么都遇不到好人呢?"

比方说家长在看老师。学校的老师要面对一大堆的学生,许多事情几乎都要考虑很多个向度之后,才能做出一个折衷的决定。所谓折衷的意思,就是虽然可以照顾到多数人的利益,但是难免会忽略掉少数人的利益。对于这些少数同学的家长,家长未必能够感受到老师所面对的压力,往往直接认为老师是懒惰、权威(不讲理)、能力不足。这样的期待在老师身上发酵,于是老师就会表现得愈懒惰、愈权威、愈笨。

老师看家长也一样。常常听到老师们彼此在聊天:"我们班那些家长都没用啦!孩子都快被退学了,他们还不是一副无所谓的样子。"要不然就是:"我真的快受不了我们班上的家长了,好像孩子是我的一样,他们都不用努力吗?"……对老师来说,"家长是不是关心小孩"这件事恐怕不是那么重要,重要的是:如果我们期待家长会更好,他们才会有机会更好;如果已经不断地告诉自己,认为家长是无法沟通的,那么就真的会无法沟通了。老师们常常以为家长"应该"要做到哪些事,可是事实上,大多数的家长都是第一次面对孩子各个阶段的发展,不像老师不断地在国中一年级到三年级之间磨练,终于有机会能对学生的所有状况驾轻就熟（也因此，家长更应该相信老师的专业）。

这个现象同样发生在主任对老师们的看法。如果主任们已经认定老师就是无法配合行政、不理会行政工作的辛苦，只愿意打混摸鱼地上下班，只知道追求个人安逸的生活，根本不懂学校经营的痛苦，所以就用行政命令的方式，强迫老师做这个做那个的，结果也只会让老师们消极以对，让主任必须想出更多的规范，来逼迫老师不得不"积极"表现，结果是双方都很累，大家都想提前退休。我也想要顺便提出许多人对"法"的迷思：以为不管出现了什么问题，只要制定一个"法"来规范这个行为，就可以解决问题了。事实上，一个完全没有漏洞的法令，只存在于理想的状况之中。如果不在动机以及道德上下工夫，不断地修订法令，只是刺激不法之徒做更智慧的犯法行为罢了，洞往往是愈补愈大。

学生对老师也会有这个现象吗？有的。有些学生可能以前受过老师的欺负，或是听过许多同学被老师欺负的例子（欺负的定义包含了"不了解学生的心"、"无条件地要求学生接受老师的价值观"等），所以就认为老师一定会欺负学生。就算换了班级，换了老师，心里面还是会对老师怀有敌意，对老师尽可能地不配合。老师刚开始还可以本着专业的热情来照顾学生，但是一段时间之后，发现自己的热情根本无法融化学生的冷漠，干脆就来满足学生的期待，表现出学生讨厌的样子（反正学生也不相信他会是好老师）。好了，老师果然成了坏老师，照学生的说法是："终于露出本性了。"不过发生这样的结局，一点都不快乐。

最后，当然不得不再提一下这个现象发生在老师对学生的时候。我的运气很好，因为转学作业的疏失，没有在第一时间拿到小黑的 B 表。然而我不禁纳闷，会不会有很多的老师会在第一时间打开 B 表来了解这个学生过去的背景（就像我原本打算做的那样），然后脑中产生先入为主的观念。说实话，除了少数是因为家长的工作因素而转学，大多数的转学生通常是因为在之前的学校有行为适应的问题，造成他不得不转学来重新开始。可是这些在 B 表上负面的记录，是不是会让老师对学生做出负面预期，反而成了学生不能从头开始的阻力？

有时候，我真的觉得我们应该检讨 B 表的制度，重新省思 B 表的精神。当然，它可以是保护老师的一个方法，不管学生发生什么事，只要老师都能够如实地记录下来，似乎就没有这位老师的责任了。基于这样的逻辑，B 表内容所记录的，往往都是某位同学负面的信息，因为表现好的同学并没有让老师有"有麻烦"的危险，所以不需要浪费力气去记载。其实，国中生阶段，身心都在快速地发展，过去犯的错真的不代表什么，太过在意，反而会成为阻碍进步的包袱。

这个理论在教育上的最大寓意是：学校或家长的许多教育的措施，其方向都错了。以复习这件事来说吧！升上国中三年级之后，大家都知道等在他们前面的是 5 月底的基本学力测验，所以很多学校都会要求三年级的任课老师能够加快上课的进度。上学期最好能在 12 月底完成，剩下一个月的时间做复习；下学期则希望在 4 月底以前完成，再利用 5 月做最后的总复习。帮学生复习并没有什么不好，但是我觉得这整个行程的安排，其实都是基于一个根本逻辑："我们的学生并不会主动复习，所以才需要老师们帮他们把所有事情安排好。"很多事情都一样，如果我们一开始的出发点就认为学生不会主动读书，当学生感受到他人的期望之后，也就会渐渐表现出被动的读书习惯，于是我们只好不断地、威胁利诱地用尽各种手段来让学生愿意读书。很奇怪！为什么不要假设他们会主动读书，让他们自行发掘读书的意义以及快乐之处呢？

我觉得人性是懒惰的，或许也是因为大家都隐约知道这个现象，所以我们才会很自然地对别人做出"懒惰"的判断，进而对别人做出负面预期。可是如果愿意从另一个角度来看待"人是懒惰的"这个现象，我们就会知道，要鼓励他人积极表现，一定需要额外的助力，所以我们更应该提供正面预期：因为我们有信心某某人会变得更好，这个某某人得到这个信心之后，才会更有信心表现得更好。这不是两全其美的结果吗？

我一直没有提到自我实现预言里"自我"的部分，但是别忘了，它当然可以用在自己的身上。所以如果我们一直没有遇到身边的人对自己有正面的预期，没关系，一定要告诉自己那是别人不懂得欣赏的缘故。每天起床，要上课、上班之前，千万不要忘了站在镜子前面，然后对自己大声地说："你是最棒的！"相信我，这个咒语会让你愈来愈棒。

♂決定

15．正义世界假说（a just world）

场 景

　　某学校发生一件令人很遗憾的事。在下学期刚开学的时候，该校与全县的中学一起参加一个"基本学力模拟考"，考试结果出炉，该校的成绩简直可以用"惨不忍睹"四个字来形容，不仅远逊于和该校同规模的其他学校，甚至连班级数不到该校一半的邻近学校，成绩还表现得更好（总人数虽然只有一半，预估考上第一志愿的学生人数却多了一倍）。校长与教务主任密商多日研讨对策，然后召集全校任教三年级的老师们共同开会。痛定思痛的结果是：学校应该开办夜读，趁着距离真正的学测还有 3 个月，密集地加强学生考试的训练。

　　其实夜读的构想早就有了，教务主任曾多次和三年级的导师们协商，希望从学测开始前的两个月进行夜读。学校开放图书馆，从晚上 6 点到 9 点，只要有意愿留在学校读书的同学都可以留下来。学生部分当然不会有问题，只是有学生在的地方就应该要有老师，那么陪读的老师呢？主任的想法是希望三年级的导师们辛苦一点，毕竟这些准备应考的学生都是他们的学生。只是每一次的协商都破裂，导师们一致认为夜读未必能收到实质的成效，倒是直接加重了导师们的工作负担，而且这背后还会衍生出许多其他问题，例如同学出缺席的掌控、夜读秩序的维护、陪读老师人身安全的照顾以及钟点费的计算等等。

　　话说那一天召开了"拯救学测成绩大作战"的会议，与会人员是全校的行政人员，以及三年级导师加上有任教三年级课程的老师。在一片沉寂的气氛中，校长直接下令：从下周一开始实施夜读，由 10 位三年级导师轮值。至于钟点费？学校正处于家长信任度低落的情况下，若是能免费让学生到校吹冷气准备功课，一定能重新赢回家长对学校的信任。此外，既然模拟考的成绩这么差，怎么好意思对家长收费呢？所以导师们被要求义务到校帮忙，仿佛是为了"成绩差"这件事而赎罪。在会议进行的过程中，所有三年级的导师及任课老师们一直低头不语，虽然他们心中或许有其他的想法，但是谁也不愿意在这个时候抬起头讲话。校长愈讲愈激动，老师们的头也就愈埋愈低，一直到校长最后宣布这个石破天惊的决定时，老师们的头就好像触电一般，在同一时间都抬了起来。每个人的表情神色各异，但是大体上可以分为两种：任课老师在想："还好，没有我的事。"导师在想："太过分了，怎么可以就这样粗暴地决定我的下班时间。"想归想，在脑电波还没有能直接化为语言的现代，再怎么用力地想，其实与"沉默"一词同义。

实施夜读的事在隔天发酵了吗？它在老师之间散播埋怨了吗？很奇怪，并没有。当天参与开会的老师们表现得异常冷静，仿佛这只是做了一场恶梦，梦醒之后就会没事。但是他们很快发现这不是梦，于是两三天后，埋怨、愤怒、委屈的声音开始扩散开来。这其中有很高比例要归因于二年级导师，他们似乎表现得比三年级的导师更为激动，因为他们知道，如果现在不做点什么，明年遭殃的就会是他们。

故事进入最值得分析的一段：不久后发现，全校老师对夜读事件的态度如下：最激动的是二年级导师；最无奈的是三年级导师；而一年级导师或是专任教师们则是一副事不关己的模样。有些人根本不知道这回事，有些人虽然知道，但是却把它当成是报纸上的新闻事件一般，反正"离我很远"。应该再回到校长的谈话内容：校长在宣布的时候，其实已经强调了一件事：夜读会成为一个惯例，以后三年级的导师都必须在下学期的时候，轮值担任陪读的工作。基于全校所有的老师都有机会轮到导师工作，所以这一项陪读的计划所影响的层面，绝对不是只有那么一群少数的三年级导师，它会影响到全校的多数老师。但是，为什么反应如此不一呢？

在还没有进入真正分析之前，再谈一下后续的小插曲好了。面对这种状况,二年级导师决定发动连署,想要以多数老师的意愿来推翻校长的决定。连署活动沸沸扬扬地进行,拜票的、拉票的把学校的气氛炒得一阵火热;三年级导师虽然乐观其成,却似乎不是很积极地参与;校长、主任们很紧张,却也只能静观其变。然而,连署终究是失败了,有人检讨失败的原因在于其中一条的内容:"基于夜读是全校的事务,建议陪读的老师应该由全校老师共同参与轮值。"据说,多数老师认为二年级导师"很过分",居然想要把全校老师拖下水。他们似乎认为两年或是三年后的灾难是一回事(他们那时才会面对夜读),若是想要把它提到现在来讨论,就是一种罪恶。

故事背后

　　大多数受到委屈的人都会有一种感觉:明明我遭受了不合法、不合理的对待,为什么身边没有人愿意站出来帮我呢? 不过说实话,当面对他人的不幸时,这个人也未必会愿意伸出援手,这就造成了一个恶性循环,让我们的社会变成一个冷漠的社会。针对这个现象,勒纳(Lerner)曾经在 1965 年提出一个观念:一般人会相信这个世界是一个"正义的世界",而且善有善报、恶有恶报,所以当发生不幸的事件时,受害者往往被归咎于个人的道德因素,而非归因于其他如运气、命运或是情境等明显的因素。这样的观念根深蒂固地潜藏在我们的潜意识中。有时候甚至连受害者本人,也可能因此而自责。

　　在进行上述故事的分析之前,或许先看一件比较小的事件,可以帮助我们了解"正义世界假说"。分组,是一个很常用在教学现场上的技巧,特别是学校举办童军露营的时候,分组更是不可避免的实施方式。但是,该如何实施分组呢? 我以童军露营来举例,因为它是一个比较特殊的现象,学生是缴钱来参加露营活动的,当然必须顾及学生个人的意愿,不能任由老师用比较公平的方法来实施分组。

　　分组最简单的方法是:"让同学自己分。"那么,彼此比较要好的一群人很自然地会变成一组,最后那些人际关系较差的同学也就只好被归纳为一组了。如果分组的目的是为了竞赛,这种分组方式当然非常不公平,但是如果只是要活动,勉勉强强也就算了。有一年的露营,我的班上有一个人际关系很差的学生,没有人愿意和他分在同一组,就算是那些分剩下而集合成一组的同学,一听说要和他同一组,大家都纷纷来向我抗议,有些还威胁我说要退出露营的活动(不要缴钱了)。有趣的是,连这位人际关系不好的同学也有意见,他不愿意和这些"没人缘"的同学在同一组。迫于无奈,我把这个问题向主任反映,主任第一时间的回答是:"你叫他来找我好了,他自己人缘不好,被分到那样的组别还有什么好抱怨的? 要不然,干脆就叫他不要去好了。"说实在的,整件事还有许多背后原因,也应该有其他的解决方法,但是主任却把问题直接归咎于当事人本身,这就是典型的"正义世界假说"。

再回到一开始的故事,校长其实无权要求学校里的任何一个老师留下来看学生的夜读(就算有支付钟点费也一样);先跳开一般老师以龟缩的心态来看待这个"未来也是自己问题"的问题,他们如何看待眼前正遭遇不幸事件的三年级导师们呢? 倒楣? 是的,他们大多认为三年级导师倒楣,但是为什么倒楣呢? 因为学生表现不好。是的,但是学生为什么表现不好呢? BINGO! 三年级导师的确有责任,因为他们没有好好地照顾他们的学生,所以他们现在遭遇这种不幸事件,其实是"罪有应得"。这也就难怪了学校里其他的老师态度如此冷漠。

然而事实真是如此吗? 学生的成绩不好其实有多种原因。可能是学生自己不认真;可能是家长不配合;可能是社区环境的影响;也可能是学校分班造成的结果;更可能是对分数过分重视造成的反效果……总而言之,导致学生成绩变差的因素实在是太多了,为什么要归咎于三年级导师们带班不力呢? 这是一个典型的"倒因为果"的错误推论。因为他们正在遭遇不幸事件,基于恶有恶报的原则,三年级导师们一定是做了一些的确会遭到恶报的恶因,所以一般人会认为他们的错多过于其他可能的原因。当然,这种说法如果仔细分析是很禁不起考验的。只可惜,人们在面对问题时,并不习惯用"仔细分析"的方法来分析,大家只希望找到一个能够证明和自己"不相干"的答案。

这种说法也可以解释二年级导师发起的连署为什么会失败。因为有错的只有三年级导师那一小群人，凭什么要全校老师共同负责呢？所以要学校老师去轮值陪读的工作，根本就是一件"不公平"的事。夜读实施一个星期后，整个事件大概已经被认定翻案无望了，如果再去访问三年级导师们的想法，您可能会听到下面的说法："是啊！学生的成绩不好的确是我们的错，虽然我还是不太甘愿晚上来陪读，但是既然错了，接受处罚也是理所当然，也只能认了。"

我要小小地佩服一下校长的做法，他想要实施夜读，但是只是把牺牲者锁定在三年级导师这一个小小的族群里，不仅可以免除遭到全校老师的反对，甚至巧妙地运用了人性的自私，不但使得反对的声音在还没发出来前就已经被压下去了，而且还是由"自己人"把它否决掉的。

不管是不是佛教徒，一般人对于"因"与"果"的关系总是深信不疑。有因，当然会有果；有果，也的确都会有因。但是比较大的问题是，造成某一个特定结果的原因可能有许多，一般人却没有办法好好地分析并找出所有的原因，甚至最主要的原因也不见得找得到。于是，因为人性的懒散，人们会随便找一个原因，然后就认定这个原因是唯一或是最主要的原因。为什么随便找的这个原因总是会和当事人的道德有关呢？大概是因为"因果关系"的理论总是和宗教连在一起，而宗教通常也会和道德相关。

同学们在看待自己的时候，其实也会有类似的现象。以我听过的某校为例，该校每个年级都有两个班的资优班，先把成绩优秀的同学挑出来之后，剩下的才平均分到九个班里。这当然是变相的能力分班，但是有什么办法？它是合法的错误。在学校刚开始想到用资优班的方式来进行分班的那一年，分班的动作当然会做得很仓促，让同学们感到愤怒，因为他们在"正常班级"上课的权利被剥夺了，也因为他们像"货物"一般被分类了。可是同学们只会在分班后的前几周才记得要生气，经过一段时间之后，他们会相信他们是罪有应得，因为他们读书不认真，所以学校才会用分班的方式把他们这些不认真读书的人圈起来，让他们自生自灭。是的，他们不认真读书的确不应该，但是他们仍然有权利在一个正常而且快乐的环境中求学，怎么会因为不认真读书，就应该受到被鄙视的命运呢？

　　面对他人的不幸，我们之所以解释为"当事人的道德缺陷"，似乎也不只是因为人性的懒惰。我觉得还有一个最主要的原因是来自人性的自私。如果我们告诉自己：眼前这个人的不幸是因为受到委屈，是来自外在的压迫，那么我们天生的道德感就会要求我们应该要做一些什么来帮助他。这时候心里会有两股力量的挣扎：第一，帮他，让自己可以坦然地面对自己的良心；第二，不帮他，因为很麻烦，还可能为自己制造麻烦。这两股力量交杂的结果，于是我们得出一个结论：这个人本身就有问题，所以他所面对的问题是他自找的；既然是他自找的，我当然就没有必要去蹚这浑水。做出这种结论的人以为可以用这种说法来欺骗自己，让自己免于接受良心的谴责，不过，对正常人来说不太有用（正常人指的是"做事自私，但是会为了自私而内疚"；不正常的人指的是"做事自私，而且为了他的自私而骄傲"）。

　　我们常会有一个刻板印象："民不可以与官斗；'下'不可以与'上'争。"在这种逻辑下，我们不敢为他人伸张正义、不敢为自己争取权益。所以学生不会去指责学校的分班损害了他的权益（反正说了也没用）；一般老师不敢和受害老师站在同一阵线（反正于事无补，还可能赔上自己的处境）。因为自私，这个正义世界假说，反而让我们的世界变成了不正义的世界。

　　我在我的第一本书《逃学老师》里介绍了一则我的朋友被陷害的故事。当时让他最感到灰心的是同事们的冷淡，这是他的同事们在经过内心的一番"深思熟虑"之后所做出来的决定。然而这不代表他的同事们不会受到良心的谴责。我的朋友告诉我他有一次在逛街的时候，遇到了他以前的某个同事，我的朋友并没有发现他，但是他却很主动地靠过来对我的朋友表示歉意：为了他当时没有能及时伸出援手而致歉。过了这么久才致歉（两年多），可见当时的那一件事对很多人都造成了影响。

　　面对卡债族，我们说他们是罪有应得，谁叫他们爱乱花钱；面对失业人口，我们说他们活该，谁叫他们过去不认真工作，或是学生时代不认真读书。有女孩子逛街被强暴了，我们说这是因为她的穿着太过暴露；有同学被打了，我们说这是因为他自己交友复杂,夜路走多了总会见到鬼;有老师和学生起冲突,进而演变成家长要告老师的事件,我们说这是因为这个老师平常没有做好亲师沟通的工作;有老师因为理念不合遭到行政迫害,我们说这是因为这个老师本身就是坏老师,活该被校长盯上……然而,这样的推论当真是正确的吗? 有太多的例子充斥在我们的周遭,告诉我们很多人正在使用"正义世界假说"来解释身边发生的事情。

本文不是要让各位读者更安心地使用这个假说,而是要说明这是个我们常犯的错,建议各位读者不要再继续犯相同的错。

我们怎么对人,也将决定别人怎么对我们。

16. 自我评价维护理论
(self-evaluation maintenance theory，SEM)

场 景

7月16日，王雪芬老师参加一个家族治疗的研习。各式各样的研习，应该是老师们暑假期间的主要作业吧！教了一年的书，成天在烦恼各式各样的问题，总是让人有被掏空的感觉，要是不利用暑假期间充电一下，总觉得自己像个泄了气的皮球。在各种研习之中，王雪芬最喜欢参加辅导类型的研习，因为每次都能让自己更加了解自己。上午讲师做了初步说明之后，请学员们在中午吃饭时间进行分组，以利往后三天研习课程的进行。这可是一项不知该如何进行的活动，因为来参加研习的老师们来自全县的各个国中小学，而且最近这种辅导研习非常热门，所以各校大概都只能派一名代表参加，也就是说，参加的学员们几乎没有任两个人互相认识。

不过这也不是太困难的任务。中午，大家领完便当回到座位上用餐的时候，坐在附近的人就开始聊了起来。中国人的聊天比较奇怪，总是要先做自我介绍，才能开始进一步交谈，好像一定要先了解对方的背景资料，谈起天来才能有安心的感觉。其中一个学员听到王雪芬来自达礼国中，兴奋地说："达礼国中？那么有一个游信铭老师是不是在你们学校啊？之前游老师到过我的学校演讲'如何化解师生冲突'，我觉得他讲得真好，他在你们学校一定很有人气吧？"

王雪芬发现她的同事居然这么受到欢迎，好像有点沾光似的回答："是啊！他在学校表现真的很有一套，而且我告诉你哦！我和他还在同一个办公室里呢！大家都知道现在国中生这么难带，我们办公室里，几乎每个导师每天都要为了处理学生的问题而伤透脑筋，只有他不一样，看他每天都轻轻松松地上下班，真是羡慕死我们了。"那个学员听完后问道："那你们没有向他请教吗？上次他来我的学校演讲，教给我们一些小技巧，我觉得非常实用呢！像你们这样可以就近请教，应该受益匪浅吧！"王雪芬听完后心里跳了一下，说："呃……有啦！只是可能我们比较笨吧！做起来就是没有他那么有效果。"

王雪芬说了谎。虽然她知道游老师班级经营的能力很强，也听说他曾经到别的学校进行演讲，但是很奇怪，校内自己办的研习反而没有找过他来演讲，同事们似乎也没有人想要和他对班级经营的问题做深入的讨论。仔细想想，是因为游老师很骄傲吗？不会啊！是因为游老师很冷漠吗？好像也不会。认真想起来，还真是不清楚为什么不会想和他讨论。

四天的研习结束了，最令王雪芬印象深刻的是讲师带的一个"悲伤治疗"。她让每一组的学员都在白纸上画下一个代表自己的娃娃，然后在这个娃娃的身上标示出曾经在生理或心理上受过的伤痛。画好之后，先和自己的组员互相分享所画的娃娃的故事，然后各组再推派一名代表来和大家共同分享故事。讲师说大多数的人都不愿意分享自己的事，借由画娃娃的动作，大家可以为自己创造一个分身。虽然说娃娃的故事就等于是在说自己的故事，但是大家仍然会比较愿意说出口，仿佛可以躲在娃娃的背后不必直接面对这一切。

在各组学员分别进行讨论的时间，大家忽然听到有一组传来嚎啕大哭的声音，各组当然都停止各自的分享，转头过去看看发生了什么事？只见一个学员正在和她的组员分享"她的娃娃"的故事，结果情绪一时难以控制。讲师关心地问她是不是还要继续？怕她会负荷不了，但是她却坚持想要把这些事情讲出来。以下就是该名学员分享的故事：

> 在大学的时候，因为好不容易从多年的升学压力中解放出来，我参加了好多的社团活动，忙到虽然回家只要一个小时的车程，却是一年难得回家几次。有一天，阿姨打电话给我，一开口就是先请我不要难过，然后想办法赶到医院一趟。我糊里糊涂地问为什么，阿姨才说

是因为爸爸出了车祸，恐怕是没有办法急救了。那时没什么感觉，只是急忙忙地走到校门口拦了一辆计程车，却在司机问要去哪里，而自己才说出"长庚医院"四个字的时候，忍不住一路从台北哭到医院。

在计程车里，我一边哭一边告诉自己这不是真的，昨天才在电话中和爸爸为了功课重要还是社团重要的问题吵了一架，没想到今天就要赶去见最后一面了，再怎么说，我也不愿意相信这个事实。司机一路狂飙将我送到医院，还好心地表示不用收费，叫我赶快去病房。但是还是来不及，我没有赶上见到爸爸的最后一面。强忍哀伤，我全程参与整个丧礼的过程，觉得这一切都好像是在看电影一般地不真实。还好中国人对丧礼的仪式一向异常繁复，事情多到让自己没有时间难过，等到一切都忙完了之后，我告诉自己这一切都只是一场梦，只要梦醒了，爸爸就会再度出现在我的面前。

就这样过了好几年的时间，我一直避免碰触父亲过世的事，告诉自己爸爸还在，我只是每次回家都"不巧"没有遇到他。然而，刚刚和同组的学员分享"娃娃"的故事，我才终于醒了过来，认知到这一切都无法再挽回了。

在场的所有学员听着她的故事，几乎没有人不掉眼泪的。讲师说这就是"悲伤治疗"的意义，借由对自己心里伤痛的宣泄，让当事人能够真正地走出伤痛。等到心情稍微平复之后，王雪芬意识到："原来人们对自己的内心也会不老实，面对不想面对的事实时，自然而然地就躲了起来。"脑中忽然电光一闪："难道我对游信铭老师的态度也是一样吗？因为我不想承认他的成就，就装作不知道他有这方面杰出的表现？但是我又为什么不想承认他的成就呢？"

故事背后

我们都是如何看待他人的成就呢？或许有不少人曾有过一种很闷的感觉：

明明自己做了一件不错的事，但是别人却硬是不把它当作一回事，搞得自己那种"做了很棒的事"的成就感莫可奈何地消失，也让自己灰心地不想再费力去做什么很棒的事。一般人可能会认为这种观念只是冷漠，事实上，在冷漠的背后，可能还有其他"积极"的动机存在。

从心理学的观点来看，多数人在看着他人的成就时，心里想的却是："这份成就会不会威胁到我的存在。"如果这个"他人"是个名人、陌生人、职位比较高的人、学历比较高的人，他的成就好像比较不具有威胁性，至少是好像比较合理，或是和自己不会有太大的关系。但是如果这个人只是身边的一个很普通的人，或是有点熟的朋友，甚至是自己的下属，那么我们难免要自问："他做得到，我做得到吗？若是做不到，我岂不是比他还逊？我又怎么可以比他还逊呢！"为了避免让自己有这样消极的想法，最简单的做法当然就是漠视他人的成就。也因为如此，理智上我们相信有一些人很伟大，情感上我们却会告诉自己：这些伟大的人不会出现在我们身边。

人们有维护自尊的基本需求。泰舍（Tesser）在1988年提出"自我评价维护理论"，其中提到人们在与人互动的人际关系之中，个人的自尊是否受损，会受到以下三方面的影响：

1. 相对于别人，我们在同一项任务中的表现如何？
2. 我们跟别人的亲密程度。
3. 这项任务对自我形象的重要性。

如果我们的好朋友，在我们重视的领域中胜过我们，那么我们的自尊就很可能会受到威胁，并且让自己感到焦虑。为了减少这分焦虑，我们可能采取以下的三种补救措施：

1. 加倍努力，超越别人（这是典型的良性竞争，借着朋友间的切磋琢磨，让彼此进步。但是如果意识到自己不可能超越朋友，就可能放弃这个方法）。

2. 降低与朋友的亲密关系（只要让这个厉害的人变成陌生人，那么当事人就不用再感受到压力，可以快乐地继续不杰出的表现。这好像是多数人会用的方法）。

3. 降低该任务的重要性，寻找其他可以突显自己能力的任务（若是能够在其他领域找到可以凸显自我的表现，这也的确是一个很好的结果。好朋友之间可以互相欣赏、敬重。若是找不到后者，那么就成了标准的酸葡萄心理，这种做法就不太健康了）。

中国人一向有一种说法："文人相轻。"意思是读书人很容易自以为是，除非对方的成就大到不得不承认，否则总是习惯漠视。不过这种行为只会出现在相同的领域，数学老师不会去嫉妒国文老师教得好；一个电机工程的教授也不会避讳去夸奖学校同事在考古学上的贡献。但是只要对方的表现和自己的专业重叠，那可就难说了。在相同领域里，愿不愿意肯定对方，通常少数来自对方的表现（是否骄傲？），而多数来自个人修养的问题。

领域的认定，或许是一个值得思考的问题。虽然刚刚说数学老师不会去嫉妒国文老师教得好，但是如果当事人把数学和国文共同当成是所谓的"主科"时，这种嫉妒心理又会莫名其妙地出现了。当事人可能会想："他班上的国文82分又如何？不过赢了别班4分；我教的数学虽然只有76分，却足足赢了别班7分，所以还是我比较厉害。"这是以分数来说。但是分数这种东西，毕竟是一翻两瞪眼地明显，不值得我们花太多时间讨论。还是来分析一下一开始的故事吧！

相对于大学的教育而言，国中的教育比较没有那么强调知识的专业，因为大家都知道，对国中生而言，比起教导他们各种科目的知识，似乎还有更重要的事情，就是培养他们的生活品格。虽然现在学校在这方面似乎做得比较少，但是其原因往往并不是因为它不重要，而是因为不知道从何着手，只好暂时把它搁置一旁。我相信，绝大多数的老师，就算口中在拼成绩，心里还是会想着如何培养一个心理健全的学生。正因为如此，在国小、国中、高中的各级学校里，老师们其实都是不分科地在相同的领域里，也就是所谓的"教育工作者"，这就符合了人们启动"维护自我评价"的第一个要件。

在故事里，游信铭老师在班级经营的能力上不容忽视，于是王雪芬选择了第二个策略，让自己和游老师保持一定距离，这样才不会让她感觉比游老师矮了一截，才方便在同一个办公室里维持着同事的关系。这种做法好像不太积极，不过让我们再来看看另一种吧！另外有一些老师可能会选择第三种策略，他想："班级经营？好吧！这部分算你厉害，不过那又如何？充其量也不过就是一个领死薪水的教书匠。我每天在股市的进出，随便两三天就是你一个月的薪水。这年头谁会尊师重道啊？大家只会向钱看，所以还是像我这样的人生过得实际些……"这个例子或许夸张了些，不过有些人的确只把教育工作当成是一份领薪水的工作，那么这些人不懂得去欣赏另一些老师认真的表现，也就合理了。

我无意批评那些想单纯教书领薪水过日子的老师，这是个人选择，我们都应该学着尊重每个人的选择。我主要想讨论的，是选择第二种策略的那些人。王雪芬老师不知道她为什么不想和游信铭老师讨论班级经营的问题，我希望她看了我的文章后能够知道为什么，也希望她能够抛开这种消极的自我防卫。事实上，大家应该要有一个正确而重要的观念："任何一个好像比我厉害的人，都不可能在每个方面赢过我。"游信铭或许在许多原则及技巧上掌握得很好，但是王雪芬依然有可能在某些地方赢过游信铭。若是能够抛弃自我的本位主义，共同讨论，互补有无，一定能够让工作变得更加轻松。

自我评价维护理论所讨论的是平辈之间的人际互动因素。但是除了平辈之外，或许还应该来看看有阶级差异存在的情形，我发现人们在这个时候，很容易被这个差异所蒙蔽。先以学生来说好了，有一次班上有两位同学拿他们做的海报给我看，要请我帮忙评看看哪一张比较好？美术方面我是一个大外行，只好凭感觉随便说其中一个作品比较好。没想到那位同学立刻说："你看，连老师都说我的比较好。"吓得我赶快说："我说的不算数，要问你们美术老师比较专业。"另外,有一次同事问我:"未成年学生不能喝酒,那可不可以买酒呢?"我说应该也是违法吧!过了几节课,他忽然来告诉我:"真的耶!刚刚我问过主任了,主任说买酒也是违法。"我说:"哦!原来主任说的就算啊?"他说:"当然啊!因为他是主任嘛!"其实我还是不清楚买酒是否违法,但是我对于同事对"主任"说的话如此深信不疑,感到有点奇怪。

我要说的就是这种"官大学问大"的迷思。相同的表现,如果是职位高、学问好的人做到了,感觉就比较能够接受,但是如果职位低的人的表现强过职位高的,不要说上位者可能会有妒才的现象,就连身边的人也要百般挑剔,非得从中挑出一些毛病不可。这种现象似乎是在反映一个现象:我们比较可以接受上位者的表现,表现五分还要把它吹捧成十分;对于同事,大概会把十分的表现当成六分来看。若是对于职位比自己还低的人,可能非得把十分的表现挑剔成两分,否则无法维持自尊。

有些同事来向我抱怨,有一些建议,明明私底下他已经提出许多次,没有人愿意听他说过的话;一旦同样的东西换成主任提出来之后,马上就成了"主任英明"、"洞察先机"之类的恶心字眼,原来现在的人都是这么地狗腿。我倒是劝他无需如此悲观,因为这些人未必是百分之百地为了狗腿而狗腿。平心而论,我们比较愿意肯定那些"已经被别人肯定过的人"的成就,例如职位高的人、学历高的人、得过奖的人、上过电视的人……,这些人已经在某种程度上通过具有公信力的检定,所以肯定他的成就比较安全。这个现象背后其实反映了一般人的通病:"对自己没有信心。"因为对自己没有信心,所以自己认为对的事情不敢说"对",必须等到有别人说"对"之后,才敢在一旁附和。更有甚者,就算自己认为不对的事情,一旦身旁的人都说对了,自己也就相信它是对的。

这个理论看似没有什么,但是我倒觉得给了我很大的启发,若是大家能够改变一些消极的态度来维护自尊,做起事来一定能够快乐许多。人际之间是"互动"的,懂得去肯定他人,才有机会得到他人的肯定。子曰:"三人行,必有我师。"如果我们能够认真地去欣赏身边的人的能力,一定可以让我们更加成熟,过得更加快乐。

17. 自我中心偏误 (egocentric bias)

场 景

多年以来，田静老师所带的班级几乎可以说是品质保证，学校的整洁、秩序比赛就算没有每周得奖，至少隔周一定会拿下其中之一。再看到每年的校庆活动，全班表现出来的场地布置、同学们的精心打扮、啦啦队的活力表现，也难怪每年的精神总锦标总会落在她的班级。学校不仅放心地把资优班交给她，也多次请她利用段考下午的研习时间，与学校的其他同事分享她的带班经验。在这种背景之下，任谁也没有想到会有那一天的事件发生。

那一天的事是谢文华老师发现的。那一节没课，他在办公室里闲着也是闲着，就上了学校的留言板随意浏览，不经意看到一则主旨为"田静老巫婆"的留言。那时还没意识到田静是哪一号人物，点进去一看才大吃一惊，同学们（应该是同学吧？）竟然把学校的神主牌批评得一塌糊涂，而且还有五六篇的回应文章，共同开轰。谢老师回忆起刚进学校之时，大家都推荐他要多和田静老师学习。经过长期的观察后也发现，田静老师真的非常认真，都已经是快退休的年龄了，做起事来比许多年轻的老师还要积极。此外，田静老师带班也真的很有一套，几乎每一个班级偶尔都会传出一些师生冲突的事件，就是她所带的班级从没听过有什么状况。话又说回来，田静老师在学校的地位也非常稳固，还听过有同事这么说："学校里不管谁都可以得罪，就是不能得罪田静老师。"这样的一个老师，怎么会有人在留言板上骂她呢？

基于好奇心，谢老师认真地看了几则回应留言。

"那个'田蛙'以为她是谁啊？总是叫我们做这个、做那个的。第一名又怎样，明明就是她自己要那种头衔，强迫我们配合就算了，还说这一切都是为了我们好，讲得那么好听，还不就只是自私而已。"

"楼上的说得真好，我也有这种感觉耶！上一次班上在发段考的考卷时，她把全班臭骂了一顿，足足一节课的时间耶！说来说去还不是就那几句，什么'我都是为了你们好啦！''现在不读书，以后没出息！''读书是靠自己，难道光是老师认真，成绩就会进步了吗？''我把时间、精力都耗在你们身上，为的就是看到这种烂成绩吗？'……'总而言之啊！她说出来的一切都是为了我们好，可是我觉得那根本只是因为我们班的成绩输给一班而已。""喂！你们是不怕死啊！讲这种大逆不道的话，当心被发现后会被记大过。"

"有什么好担心的，反正又没有留下姓名，到时候来个死不认账就好了。我先警告你们哦！要是有谁去当爪耙子，小心我给他好看。其实啊！我们也只是说一说心声，要是连网络留言都不能说，大家岂不是都要内伤了。"

"哈啰！我刚刚看到了，我也来声援你们吧！虽然我没有直接被她教过，但是我听过一些她的传闻，所以我相信你们说的是真的。说什么学校的台柱，根本就只是踩在学生的身体上来建立她的名誉罢了。一开始说她是老巫婆的是哪一个啊？真有种。加油吧！不要被那种老师控制了。"

"我也觉得你们班很可怜耶！每天从早自修开始就在考试，你们都没有人向老师反映这样会把人烤焦吗？"

"谁敢说什么话啊！反正她一定说要趁早准备学测，宁可现在累一些，也不要等到考完以后才来后悔；然后接下来又要开始说她有多辛苦，我们都不了解她的苦心。天啊！我早就投降了，反正她喜欢考就给她考，考完要生气也是她家的事，最好早一点气死，我们也就解脱了。"

"不要这样啦！我觉得老师是真的为了我们好啊！你看，学测考好也是我们自己能够读好的学校，老师又不见得能够得到什么好处。再说，我们班上的奖状那么多，每个任课老师都称赞我们班上的表现，这样不是也很有荣誉感吗？"

"闭嘴！楼上的，我知道你一定是×××，就是有你们这些马屁精，老是喜欢去拍老师的马屁。你喜欢？自己做就好了，干嘛要把我们全班都拖下水。你不要以为老师真的喜欢你，要不然下次你故意把成绩考差一点，看看老师还会不会多看你一眼。奖状多又怎样？我才不稀罕那种东西，要不是怕她通知我爸爸，我早就……"

谢文华老师愈看愈是惊奇，退出留言板首页之后，竟然发现又多了十几篇的回应，俨然是最有人气的留言。他隐约觉得这件事似乎不能小看，招了手把办公室里的其他同事也找了过来一起讨论，于是整件事就爆发开来了。

老实说，老师在留言板上被学生骂是屡见不鲜的小事一桩，还好多数老师并没有上留言板的习惯，就算有其他老师看到了，通常也不会和当事人讲，反正一段时间之后，网络管理员就会把这些"不适当"的留言删除。这一次大概是学生挑错了人，而且引发的回响也实在是太多了，整件事情于是传到校长的耳朵里。不用说，最先倒楣的当然是网络管理员，因为他没有做好留言板的"管理"工作，才会让学生这么随便地到留言板乱讲话。不过网络管理员亡羊补牢、将功补过，他追查了留言时间，以及留言的 IP 地址，最后锁定了当时上课的班级，使得使用那几台电脑的同学无所遁形。死不承认也没用，剩下的只是该怎么处罚这些学生的问题而已。

事实上，如果事情就到此为止，也不是什么了不起的事。然而，整件事情意外地动摇了田静老师在校园独尊的态势。不少老师开始意识到："原来田静老师并不是这么地受学生爱戴。"有一些老师平时就不满田静老师总是打着"为学校好"的招牌，一意孤行地要求大家做各种配合。也不想想每个人在"老师"的身份背后，各自都有许多角色要扮演，谁像她这么闲可以以校为家呢？然而，像她这种乐于牺牲自己来配合学校的做法，当然深获校长、主任的认同，所以田静老师长期以来一直拥有如此崇高的地位。

在这个事件之前，已经开始有人在暗地里检讨田静老师对学校这么有影响力到底是好或不好？特别是在学校的各项评比似乎都持续在走下坡之际。有些老师觉得自己已经算是很配合学校了，可是学校的升学率没有变好，常规愈来愈差，学生也仍然持续在流失。没听到校长、主任自我检讨的声音，反而是对老师有愈来愈多的要求。老师们心里想着："我这样的配合还不够吗？到底要牺牲到什么样的地步才算是够了呢？"这个事件发生，正好让那些"反田派"的老师更加积极地活动。他们其实不见得是要反对田静老师这个人，只是因为田静老师这样盲目地牺牲，往往成了校长要求其他老师的借口。再说，这样的牺牲是不是真正有意义的举动呢？然而，"反田派"的动作又促成了"拥田派"的老师一阵挞伐，他们觉得田静老师对学校的关心是不容置疑的。平心而论，校园里有哪一个老师能做到像田静老师这样的牺牲奉献？如果这么好的老师都被学生糟蹋，这个社会还有什么公理正义存在？田静老师是一个不容置疑的好老师，任何想要检讨田静老师举动的人，就是不爱学校的表现……

眼看学校几乎就要为此事而大伤和气，田静老师身为核心的当事人，最后写了一份声明稿贴在学校的各个办公室。内容是这样的：

各位老师好：

为了最近发生在我身上的事情，造成学校气氛的动荡，个人感到非常遗憾，也绝对不是我所乐见的结果。打从教书的第一年开始，我就一直待在这所学校，至今已经超过25年了，中间也遇到过一些起起落落，但是总是在同事们共同的努力下度过。这几年学校的升学率下滑，学生的生活常规变差，学生人数逐年流失，学校也年年减班，这都是让我非常痛心的地方。我不懂，我们学校曾经有过这么辉煌的成绩，为什么现在就变差了呢？

我已经快要退休了，但是人家说："当一天和尚，敲一天钟。"为了学校，我每天 7 点不到就来学校监督同学们扫地；为了加强同学们的英文能力，我利用早自修的时间要求学生听大家说英语；为了学测，我帮忙安排同学们的复习进度；为了功课，我每天利用放学后的时间来帮同学继续加强。做了这么多事，难道我错了吗？在学校待了这么久，我愿意把学校里的学生都当成我的孩子一般地来照顾，我也相信，如果大家都能够多为学校着想，我们大树国中一定可以再度成为家长们信赖的学校。学校不是一个、两个老师就可以办得起来，也不是大家吵吵闹闹就可以轻松成功。或许有一些误会，但是只要讲开就好了，大家都是为了学校，希望能共同团结为学校来努力。

为了避免同事们多方的猜忌，我从此将不再对学校有任何公开的建议，但是我仍然会乐于配合学校的所有政策。此外，我个人的行为仅代表个人，绝对没有要求大家效法的用意，学校应该有学校的制度，不希望为了少数人而坏了学校的规矩。

故事背后

"难道我错了吗？"这真是一句非常沉重的话，特别是出自一个老教师的口中，任谁都只好掩面忏悔，痛责自己怎么会如此欺负一个老人。然而事情往往不是"谁错了"的问题，而是"有没有做对"的问题。我相信，大家都是真心为了学校好，各自都在做自认为对的事情，所以学校里根本就不存在"错"的事情。问题是，每一个人的"对"，是不是就符合多数人的"对"呢？或者，某些人的"对"，是不是能够排挤其他人的"对"呢？

在实际讨论"对与对"的问题之前，先来介绍本文打算说明的人性心理盲点。人们对于集体活动的成果，在最后进行成败归因的时候，往往会过分夸大自己在活动中的表现，认为自己所做的努力，就算不是最多，至少也不会比任何一个人少；或是认为自己所做过的努力，在最后工作的成功上，扮演了举足轻重的地位。就算最后工作不幸失败了，也绝对不能怪罪到自己的这一部分。这样的现象便称为"自我中心偏误"。

皮亚杰(Piaget)在认知发展论里指出,自我中心的现象发生在前运思期,大约是 2 岁以后开始发生,而且在 7 岁以前就应该学会去掉自我中心的想法。为什么这么多人在长大之后还会有自我中心偏误呢?弗洛伊德(Freud)或许会说这是因为固着(7 岁以后的部分心智就不再长大了),或是退化(当人们遇到压力后,又躲回到儿童时代的心智)所致。不过,一般人愿意接受这种说法吗?

在《最后十四堂星期二的课》一书里,莫瑞得知自己罹患渐冻症,肯定不久于人世之后,步出医院,看着眼前阳光灿烂,路上行人匆匆,他心里想着:"为什么?为什么眼前的世界还是持续在运转,难道这些人都不知道我就快要死了吗?"这其实也是一种"自我中心偏误"的表现。多数人都以为自己对身边的人很重要,或许还会觉得世界是以他为中心在运转着。他辛勤地工作,不全然是为了自己,也担心他倒了之后,身边很多人都活不下去了。例如父母为了孩子、老师为了学生、员工为了公司……尽管最可能的结果是:"就算少了他,世界也不会因此而有任何改变。"但是大家还是愿意陶醉在这样自我膨胀的幻想当中,因为这种想法可以给自己很大的自尊满足。

为了缓和上述严肃的气氛,先说一个"做家事"的笑话吧!某一个家庭里,夫妻双方都认为自己在家庭的维持这件事上,占有比较大的比重。先生认为他每天上班赚钱,工作得这么辛苦,还要遭受上司的羞辱、同事之间的不谅解、职场上的勾心斗角,回家之后理所当然可以好好地休息;太太则认为她每天要打扫家里,要煮饭、洗衣服、带小孩,根本都没时间休息,先生回家之后,本来就应该要分担一些家事。这一天晚上,夫妻俩又再度为了同样的问题吵架。睡前,先生向上帝祷告,希望和太太的身份能够交换,让太太能够体会他的辛苦……

隔天起床,他发现他果然变成了她。她快乐地把她的先生(原本的太太)送去上班之后,又睡了一会儿回笼觉,打算开始享受家庭主妇的一天。才刚入眠就被孩子吵醒,只好带着小孩去公园走走、运动;陪着小孩玩累了之后,回到家转到儿童电视台来吸引孩子的注意。才想休息,却意识到应该要开始整理家里了:洗衣服、扫地、拖地、晾衣服,一切都做完了午餐时间也到了。和孩子两个人随便解决之后就陪着孩子上床睡午觉，一觉醒来又要陪着孩子玩游戏。忽然想到家里没菜了，赶紧带着孩子到卖场采买；在卖场里一边要挑食物、一边要盯着小孩别乱跑。好不容易买完东西回家煮饭，看看时间，先生应该也快下班了吧！才刚做好菜正好遇上先生回家，只见他问也没问一句坐了下来就开始吃饭，自己还得先喂小孩吃饱才可以吃先生吃完的剩菜，旁边还伴着几句唠叨："今天煮的哪一道菜太咸了，哪一道菜太烂了……"

压下心中的怒气洗完碗筷，回头看到先生正在客厅看电视开心地大笑。虽然生气却想着这好像是她平时在做的事情，干脆到浴室泡澡、缓解压力算了。洗完澡出来哄孩子去睡觉，她想终于可以好好地休息睡一觉了，眼睛还没眯上，这时候先生刚洗完澡上床，不乖乖睡觉却爬到她的身上，要求做爱做的事。她忍耐地配合一下之后，看着旁边睡得跟猪一样的先生，她赶紧再度向上帝祈祷："上帝，我知道错了，明天请帮我换回来吧！"

天上传来上帝的声音："不行，因为就在刚刚，你已经怀孕了，要再等 10 个月才可以换回来。"

"……＊&.@＃"

到底谁的贡献最多呢？任何想要知道这个问题答案的举动，应该都不会是聪明的行为。是的，的确很有可能存在某个客观的条件，足以衡量每个人在团体里的贡献，理论上也绝对能找到最有贡献的那个人，但是又如何呢？难道最有贡献的那个人就能够取代比较没有贡献的那群人，自己独自撑起团体里的所有工作吗？或是说，最有贡献的那个人就可以指挥别人该做什么事吗？

在一开始的故事里，田静老师绝对是一个优秀的老师，说不定也够资格作为师铎奖的候选人。但是问题是，她可能把自己的角色想得太重要了，误以为学生如果没有她这个老师，学生的未来就会变成黑白的。特别是现在社会这么乱，愈是认真的老师，愈容易有这种自比为"同学救星"的心态。他们担心如果自己没有办法把学生拉起来，学生这辈子就算是完蛋了。这样的想法继续扩展开来，就会认为学校不能没有她的存在，她的付出是学校还可以继续营运的最主要原因。

正常情形下,这种想法对他人是无害的。但是每个人的体力有一定的极限,当他自以为背负了学校的兴衰、学生的未来之后,难免会不断地牺牲、奉献。成功就算了,万一在这个时候,学校还是乱,学生的成绩还是差,而他也面临了体力上没有办法再付出的窘境时,难免会把责任怪到别人身上,认为若是别人也能像他这样子付出,学校及学生就会有救了。威胁在这个时候产生。

换另一个例子来说明好了,我的一个朋友在学校担任训育组长,圣诞节快到了,他想要趁着这个特别的节日,办一个全校性的圣诞同乐会来减轻同学们读书的压力。他不敢烦扰其他多数的老师,只邀请了一些和自己要好的同事们共同努力规划,但愈是讨论就愈想把这个同乐会办得既盛大又热闹,于是内容愈加愈多:活动从一个小时变成两个小时;内容从少数同学主动报名参加,变成要求各班都能够出一个节目;老师参与的项目也从三四个好朋友的友情赞助变成全体导师共同参与(当然,他们也"热心"地帮这些导师们设计了表演节目)。整个活动就这么如火如荼地展开了。

但是结果很糟。他首先抱怨导师们都推三阻四地不肯上台表演,接下来又说同学们在表演节目时也不太积极,大家的确被逼上台了,但是在台上也只是发呆,一点都没有表演的意愿。最糟的是,两个小时的表演节目,中间或许有不少的尖叫、欢笑的气氛,但是最后一场秀(多位女老师的舞蹈)还没表演完,放学的钟声已经响起,同学们不管台上还在尽力演出的老师们,一窝蜂地往门口疏散,吓得学务主任赶快拿起麦克风来恐吓同学们立刻回座,等待表演结束、集体放学。虽然学生偷跑掉的只是少数,但是整个活动当然是扫兴到了极点。

没有人敢怪我这个朋友,因为他在这次活动中的付出是有目共睹的。事后我和他一同检讨原因,我这个朋友检讨起来当然都是别人的错,但是我却只是问他,有没有和其他老师、全校同学们共同讨论这个活动的意义,以及希望达到的效果? 他说这种东西干嘛要说,大家一定都知道啊! 不过他自己也觉得这个说法很牵强,于是又接着说因为时间紧迫,所以没有时间好好地和老师们讨论。更何况,如果一个一个地寻求支持,他担心万一大家都表示反对,那不就办不起来了吗? 我的想法则是,若是多数的老师都不支持,那就表示这个这么好的圣诞同乐会，出现的时机还不够成熟。与其仓促地把它推出来，然后大家灰头土脸地生闷气，从此再也不愿意办类似活动，倒不如等日后时机成熟了再来做。虽然说那时候主办的人或许不会是他，但是又何必一定要他才能够办活动呢？

最后，我想讨论某些人的一些要不得的心态。田静老师可以 7 点到校监督同学们的扫地工作、可以在放学后把学生留下来关心功课到 6 点、每天 11 个小时的超时工作。虽然田静老师不以为苦，却不值得推广为评断其他老师表现的标准。不要说以此来作为考绩的依据非常不应该，就算只是在心态上表现出"做不到相同表现的老师就不能算是好老师"这样的念头，也是一个不恰当的想法。对于田静老师，我想要建议这样的老师千万不能让自己的认真被别人利用，除了自己不应该有"要别人和他一同牺牲"的念头外，还应该在别人为了"他的行为"而被要求时，站出来为当事人说话。

大家都希望自己可以是一个"重要的人"，这是很积极而正面的想法，但是若是需要牺牲掉别人才能成全自己的成就感，这份成就感已经失去了它应有的荣耀了。

18. 基本归因谬误 (fundamental attribution error)

场景

　　在路上，林芷伶老师已经闯过第三个红灯，继续往学校的方向加速前进。但是不幸的，前方不远处出现塞车，心里再急也没有用。卡在车阵中，林芷伶看不到前方是否发生了什么事故，或只是单纯地因为一辆乌龟车所造成的回堵？在车子里焦急地等了 30 秒，仿佛是 30 分钟一般地坐立难安。随手在皮包里翻找了一下，心里骂着："该死！早上出门太过匆忙，竟忘了把手机带出来。"这下子万念俱灰，整个人瘫在车里，却只能穷紧张。一会儿，她耐不住性子下车查看，但是极目望去，也只看到绵延几十公尺的车龙，往回看，后方也塞了近十辆车，这下子真的是被卡死了。林芷伶顾不得她淑女的形象，沮丧地坐回车里后就不停地咒骂前面那辆不知道发生了什么事故的车子。不过像她这么淑女的老师，实在没有什么好的台词可以骂，不多久词穷了，还是只能乖乖地在车里生闷气。

　　林芷伶坐在车里胡思乱想，忽然被很大的一声"叭"吵醒，回过神一看，原来前方的车子不知道什么时候已经都走光了，眼前只赶上那辆最接近的车子，正好就在下一秒车离开她的视线，此外前方道路一片净空。大脑一时反应不过来，后方被她堵住的车子继续奋力地用喇叭声来提醒她现在的情况："她已经发呆过头了。"她赶紧打 D 档前进，还不忘回头瞪后面那一辆胆敢"叭"她的车子一眼，心里想着："急什么？赶着投胎吗？也不想想我昨天晚上陪着一个好久不见的朋友聊天聊到凌晨 5 点，几乎没有睡觉就要赶到学校参与返校，眼看着时间已经超过了，还有谁有资格比我更加着急呢？"

　　在学校，导师办公室里，老师们陆陆续续地进入办公室，彼此互相打着招呼，分享着暑假到过哪个地方玩，发生过哪些有趣的事情。不久，学务处广播，要求全校返校的同学通通到操场集合，老师们当然也跟着往操场的方向移动。返校的工作其实很简单，或许连简单两字都不足以形容它的简单。首先，学务主任集合整队，接着是教务主任宣布一些开学注册时应该注意的事项（基本上只有一点：记得到农会缴钱），接下来就是导师发资料的时间了：一张注册单、一张成绩单。整个返校的任务简直简单得令人怀疑它存在的目的。

　　苏一智在发完班上的注册单及成绩单之后，回头发现七班的同学在操场上发呆，因为该班的导师林芷伶老师并没有出现。苏一智猜想林老师大概是被什么事情耽搁了吧！基于同事情谊，也避免七班同学一副乏人照顾的尴尬，他到升旗台旁要帮林老师拿资料回班上发，但却遭到教务主任的阻止。张主任说："今天返校是学期末就已经公布的日子，林老师一定知道。既然没有收到她请假的消息，就表示她今天应该会到，所以就等一下吧！"苏一智碰了一个软钉子只好回到自己的班上。此时台上的学务主任正在说："已经发完成绩单及注册单的班级就蹲下来，如果全部都发完了，我们就准备要集合放学了。"全校几乎都蹲了下来，只剩下七班的同学手足无措地站在原地。

　　学务主任看了一眼七班的情形，问了一句："是导师还没有来吗？好！等一下七班同学全部留下，其余同学到校门口排路队准备放学。"同学们都解散了，老师们当然也就三三两两地离开操场。不过苏一智感到很纳闷，摆明了是这么简单的事情，虽然导师没到，随便一个组长帮忙发一下资料，也就只是举手之劳罢了，何必好像要特别强调一般，把全班同学都留下来呢？当所有老师都往办公室的方向移动时，苏一智特意等在一旁，看看学校要怎么处置七班的同学。只见全校同学都离开得差不多之后，张主任把七班同学叫到升旗台前问："你们老师呢？班长是谁，有没有通知你们老师？"苏一智在一旁差点没笑了出来，心想："原来导师没到，居然是班长的责任？"张主任可能也意识到自己的荒谬，赶快改口说："其实我也不是在怪你们，只是依照惯例，这些资料都必须由导师发放,既然你们导师没来,也就只好继续等下去了。"同学们听到这句话,人群间开始起了骚动。张主任又说:"这样吧! 让你们一直等下去也不是办法,我先把资料发给你们,有问题的话,开学以后再找你们导师好了。"注册组长上前把资料发下去,七班同学也终于能够顺利回家了。

看着七班同学离开,苏一智也回到自己的办公室。拿起电话,拨了林芷伶老师的手机号码,可惜电话没有人回应。他心想:"算了,等开学再通知她今天的事情就好了。"收拾了一下,正准备要回家,门口传来急促的脚步声,林芷伶快步地闪身进入办公室。苏一智笑着对她说:"怎么搞的? 学生都走光了才来,难不成是睡过了头?"林芷伶一脸苦笑地把事情经过说了出来,苏一智才说:"既然来了,先去向学务主任报告一声吧! 刚刚的情况有点奇怪,你赶快去向主任说明迟到的原因,省得被人家误会你是故意不来。"于是苏一智把刚才的情形转述给林芷伶知道。

林芷伶听完就往学务处的方向走,还没打开门,刚好听到里面传来说话的声音。

"那个林老师也太过分了,明明知道今天是全校返校日,不来也就算了,连一通电话请个假都没有,八成是去哪里玩疯了,连返校的事情都忘了。下次主管会报的时候,一定要提出来向校长报告。"声音听起来像是教务主任。

"唉啊! 暑假期间出去玩,难免会一时疏忽忘了时间,导师们平常带班都很辛苦,遇到暑假放松过了头也是有可能的,应该不会是故意的吧!"这个听起来像是学务主任在说话。

"陈主任,你做人就是太好了,老是帮着导师们想,难怪导师们没有人要甩你。告诉你,现在的老师就是太好命,没有一点责任感,不找机会去电一电他们,他们根本就不会认真做事。"这个嚣张的家伙,好像是刚上任的辅导主任。他接着又说:"像那个林芷伶,上学期的毕业典礼不是也无故未到吗? 听说校长知道这件事以后很生气,还打算记她一个旷职呢!"

学务主任赶快说:"林主任,你误会了! 那一次林老师没有参加毕业典礼是我劝她请假的。林老师平时上课比较严格,对学生的要求比较多,相对地就比较容易受到一些学生的记恨。那一次毕业典礼前，我听到消息有毕业学生打算在当天找她麻烦，所以特别请她当天请假。那件事情我已经向校长报告过了，校长那边也已经表示可以理解。"

教务主任接着说："不谈毕业典礼的事，刚刚林主任所说的话我也有相同感觉。凭什么我们行政人员暑假还要天天到校上班，这些老师才不过拜托他们上个辅导课，每个人都跟我推三阻四的，好像学校是只有行政人员才该负责，这些老师一点责任都没有一样。像林芷伶，明明知道英文老师不够，她还是坚持要到意大利游学，害我连王珊蓉都把她请下来教英文了。"

"王珊蓉？"学务主任吃惊地说着："她不是地理老师吗？ 怎么也能教英文？"

"唉啊！"教务主任说道："王老师已经研究所毕业了，英文能力应该可以啦！反正不过是国中英文。再说，我问过王老师，她也说愿意试试看。暑期辅导又不是什么正课，马马虎虎就算了。"

"……"

林芷伶在门外听得面红耳赤，觉得现在好像不太方便进去，于是踮起脚尖，悄悄地离开。回到办公室，苏一智还没有离开，林芷伶于是把刚刚偷听来的对话都说给他听。苏一智听完愤愤地说："算了！ 不用理他们，你等明天再补一张病假的假单就好了，反正谁规定人不能临时生病呢？ 然后你说你打过电话通知我，是我忘了向主任告知就好了。"苏一智接着又说："这些行政人员根本就是心理变态，自己暑假要来学校上班，就要想尽办法把每个人都拖下水，也不想想他是领行政津贴的，休假有休假补助，不休假还有不休假奖金。我们当导师的，平常累得像条狗一样，难得有个暑假可以好好休息，他凭什么在那边说三道四。辅导课找不到老师？ 还不是他们排课不公，辅导费又是黑幕重重，谁甘心流汗去帮他赚钱啊？ 做人也不过就是互相尊重，老是喜欢摆主任的架子。哼！ 主任了不起啊？ 我是领公家薪水，又不是领他的钱。"

林芷伶没想到苏一智的反应这么激动，赶紧劝他消消气，又想到反正时间还早，就请他到麦当劳吃早餐了。接下来的情形不用细谈。据专家统计：人们花在批评他人的时间，远超过赞美他人的时间。或许可以做猜测的是：到底是两个老师骂主任所花的时间多，还是三个主任骂老师的时间长。

故事背后

朋友说有一次早上他要出门去学校的时候，忽然感到肚子一阵咕噜咕噜地乱叫，只好乖乖地去蹲马桶。不用说，早自修当然是来不及了。等到拉完肚子赶到学校，迎面遇上学务主任，还没开口呢，主任小心翼翼地把他拉到一旁："刚刚校长巡堂，看到你没有在班上，特别交代我通知你一声，希望以后不要再迟到了……"

朋友心里感到一阵委屈，平常都是准时到校，偶尔迟到，而校长则是常常迟到，偶尔准时，怎么就这么不巧地被校长"捉包"呢？话又说回来，校长看到老师不在班上，不分青红皂白地就认定是"迟到"，还特别叫主任"传话"。想起自己也算是一心系着学校，快快地上完厕所就赶着出门了，没有得到一点安慰就算了，还莫名其妙地被"警告"，愈想愈觉得心里不是滋味。不是说长官要体恤下属吗？这种态度算是哪门子的关心啊！

大家常常在说"同理心"，这恐怕是"最好理解又最难做到"的事情之一。我听另一个朋友说她在校务会议时，校长批评老师们都太过自私，下班时间一到就急着回家，连学校的辅导课都不愿意帮忙。她一时气不过就站起来发言，说校长的孩子都已经大了，不像大部分老师的孩子都还需要父母的照顾，而且照顾孩子一直都被认为是女性的工作，校长是男生根本就体会不到照顾孩子的辛苦。本来时间都算得好好的，如果要上辅导课，又得额外花钱请保姆照顾孩子，赚到的辅导费根本就不足以支付保姆的费用，怎么能够说不上辅导课就是自私呢？一番话说得校长无言，却仍然改变不了一定要找到人上辅导课的命运。

我想，每个人都很辛苦地在扮演自己的角色，原本这是可以达到某种程度的平衡的，至少大家依法行事，什么事该做，什么事又可以不必做，一翻两瞪眼，其他的也就不用再啰嗦了。但是就是有一些人"好还要再更好"，难免会要求别人牺牲来满足自己的期望。同理心？在人本主义的观念里，同理心是指自己主动站在他人的立场去为他人着想,可是现在人在谈同理心的时候,往往是要求别人能够站在自己的立场来为自己想。结果,若是有某个老实人愿意去同他人之理,而他人仍然只懂得同自己的理,那么这个老实人当然只好苦哈哈地任人压榨了。

回到本文,让我们来看看一般人都是如何去同理别人的吧! 社会心理学家海德(Heider)提出,人们对于别人或自己所表现的行为(或特定事件的发生),就其主观的感受,对行为(或事件)发生的原因所提出来的解释,称为"归因"。他把归因分为两大类,第一类是属于个人以外的因素,称为"情境归因",又叫做"外在归因";第二类是和个人本身有关的因素,称为"性格归因",也叫做"内在归因"。

温纳(Weiner)进一步提出自我归因论,并且把情境归因再分为运气、工作难度、其他;把性格归因再分为能力、努力、身心状况。认为人们对于行为的解释大概都可以归类成上述六种可能,而且,人们如何解释自己或他人的行为,将会决定日后对同一事件的态度。例如:同学若是认为自己考试考差了,原因是能力不好,那么在面对下一次的考试,应该也会预期考不好;若是认为自己努力不够,那么下次考试的成绩,就得视下次的努力程度而定;若是认为运气很差所导致,那么下次考试应该会有比较乐观的期待,总不会每一次的运气都这么差吧!

接下来,罗斯(Ross)在 1977 年提出基本归因谬误,认为一般人在解释他人行为的时候,倾向采用性格归因,而忽略情境因素。此外,也有其他心理学家认为人们在解释自己的行为时,较常采用情境归因,而不太愿意使用性格归因,结果往往造成"律己宽、待人严"的现象。会有这种现象的发生,心理学家的说法认为是因为观察角度的不同所致。对当事人来说,他对于周遭环境的认知比较清楚,能够更详细地分析外在因素对事件的影响,所以能够把事件的发生归因于情境因素;而旁观者则未必能全面地了解当事人所遭遇的所有状况,所以会粗略地把事件的发生归因于当事人的性格因素。

表面上,这一项研究似乎没有什么特殊,但是我却因此反省,会不会我们常常在无意中犯了相同的毛病,结果造成或大或小的误会。以一开始的故事来说,林芷伶很认真地想要赶上全校返校,但是不幸地遇到交通出了状况(外在因素),没有办法顺利返校;主任却直接断言林芷伶是偷懒(内在因素),不把返校当一回事。这是不是一个误会呢?更重要的,在温纳的自我归因论里,我们对于所下的结论会有一致性。若是主任认为在这件事上,林芷伶是性格因素所造成,那么下一次发生类似的事情,还是会做相同的推测。长此以往,很容易形成所谓的刻板印象。

在这里,我有一点想要做深入讨论。虽然心理学家已经说明,人们会犯下基本归因谬误的原因是所处立场不同所致,也就是因为没有办法详细地看到当事人所遭遇到的种种困难,只好轻率地把问题归因于当事人的性格因素。但是根据温纳的说法,性格归因可以再细分为能力、努力及身心状况三种。若是人们愿意将问题归因于当事人的身心状况,也算是对当事人有比较正面的看法。为什么多数人会倾向用负面的看法来看待他人的行为呢?

说法或许有很多,却不是我关心的重点。我比较有兴趣的是:人们如何面对他人的负面假设?曾经看过一篇文章介绍所谓的"刀子理论",它说基于种种的因素,现在人说话以及做事常常会忘了考虑他人的感受,结果每一句无心的话,每一个无心的行为,就好像是一把刀子一样到处乱飞。会不会误伤了他人呢?当然会,可是更多的情形是,不少人会主动站到刀子的飞行轨迹上,被刀子刺伤之后再到处宣扬说:"那个人果然是恶意的,你们看,我被刺伤得这么严重。"听了实在很令人感到无言。别人要怎么想、怎么讲,那是别人的事,往往也不是我们可以控制得了,但是自己又何必这么自虐地对号入座呢?

在看过很多的人事纷争之后,几年前我忽然开始怀疑"真相"这回事。到底我们有没有机会能知道事情的真相?或是真相是不是我们真正需要的答案?从后现代的观点来看,真理是不存在的,事情的真相也只能像罗生门一般地存在于每个人的主观意识之中。基于此,我一直有一个简单的生活哲学:在可以选择的条件下,做什么事比较快乐,就去做那件事;怎么想可以让我们比较高兴,那么就相信所想的那一件事吧!管它是不是真的。

让我们再以一开始的故事为例。事实是,主任发现林芷伶在返校时间没有出现,此时主任可以有许多种的假设,他可以猜测林老师是故意不来;也可以猜测林老师是一时身体不舒服,没有办法赶来;还可以猜测林老师其实已经在学校了,只是没听到广播集合,还在校园里的某个角落。该选择哪一种假设呢?而进行选择的过程中,真相是不是一个具有决定性的关键因素呢?

让我们为这些假设做一些后续的推论吧!当主任决定相信"林老师故意不来"的同时,他还必须面对"下次类似情况又不来怎么办?""如何处理林老师这种不配合的态度?"等问题。老实说,以现在的制度来说,这种问题是很难处理的。为了这种小事要做任何惩处,好像有点小题大作,但是如果不予理会,又觉得老师太过不把自己这个"主任"放在眼里,这是不是会造成主任的左右为难呢?而这样的困境又是不是主任自找的呢?但是,若是主任决定相信"林老师只是临时出了状况",那么他根本不用烦恼任何事情,同事间相处也不用担心要不要"另眼相看"。对主任来说,哪一种想法才可以让他比较快乐呢?

此外,会不会林老师是"故意不来",而主任却选择"临时有状况"呢?这样会不会有点逃避现实的感觉啊!本书的另一篇文章:"自我实现预言",或许值得让有这样疑虑的人参考,我们对他人的期望,会在无形中影响到他人的表现。这也是我为什么强调真相不重要的原因(在某些事情上),如果真相只是在告诉我们一个无法挽回的事实,那么我倒宁可选择忽视真相,转而希望事情的发展是比较正面而值得期待。

我讨厌有一些人刻意避谈问题,好像只要不去讨论问题,问题就不存在似的;我更讨厌另一些人总是用"制造问题"的方式来解决问题,感觉好像是刻意地在模糊焦点。然而,我们也不应该只是把眼光放在"认识问题"上。讨论问题的目的是为了解决问题,并非只是为了要"知道它的存在"。讲了那么多的问题,也不知道是不是能如愿解决问题。至少,千万不要因为犯了"基本归因谬误",反而增加了不少自己的问题。

补充一点,在现在这个信息爆炸的时代,一大堆家长都努力让自己的孩子学习一大堆的才艺,或者至少是放学后还要参加一大堆的课后辅导。少数家长并不盲从于这股潮流，他的孩子也不见得落后于人。其他家长如何看待这个现象呢？"哎呀！那是你们家的孩子比较乖……"

上面的说法也是标准的"基本归因谬误"，如果把别人家的孩子的优良表现归因于那个孩子自身的因素（能力），那么自己就不用对自己目前的管教方式有任何的反省，结果孩子只好继续受苦。这种表面上尽责的父母，其实是不负责任的父母。

19. 印象的初始信息 (primacy effect)

场景

　　我一个在学校里很"黑"的朋友来找我吐苦水，他说他虽然早就已经洗手不干"反对党"了，却仍然遭人陷害，把一个莫须有的罪名硬是套到他的头上。他形容那种感觉就好像是好端端地在家里看电视，忽然天外飞来一颗陨石，活生生地把电视机给砸烂了一般。本来是平静而略带轻松的生活，一瞬间就down到了谷底。听他起了这样的一个开头，对于我这么爱收集八卦的作家来说，怎么能轻易放过呢？于是我赶快煮咖啡、准备茶点，打算好好地听他如此如此、这般这般一番。

　　事情是在某一节的下课时间，有一个同学来找她的导师，也就是我的朋友蔡国良老师，并且向导师报告前一天潜能班开班亲会的经过。

　　这里必须先跳开来谈一下什么是潜能班。话说朋友的学校在每一个年级都成立了两个资优班，由国小应届毕业生参加学科能力测试胜出后所成立，其余入学新生则采常态分散编成 10 个班级。这当然是一个挂羊头卖狗肉的手段，但是和能力分班不同的是，资优班的成立有契约的效力。虽然无法适应的同学可以在家长及老师的同意下退出（虽然真的有一些人不适应，却还没发生过有人退出），但是常态班的同学就算成绩再好也不能进到资优班。在这种游戏规则下，对于部分没有赶上资优班考试，或是后来读书开窍了的学生来说不是很可惜吗？他们没有办法好好地被"利用"，哦！对不起，被"照顾"到。所以学校针对这些同学特别成立了一个"潜能班"（当然是表示这些是很有"为校争光的潜能"的学生）。这个班的同学平常上课都在自己的常态班,只有第八、第九节以及假日的辅导课才会从各班挑出来成为所谓的"潜能班"上课。

这样的模式进行两年之后,同学即将进入三年级,也就是所谓准备冲刺的最后一年。家长们开始对这样的方式不太满意,希望能够在三年级的时候,将这个潜能班直接成立为一个实质的班级,希望这个班的同学能够从每天的第一节开始就做完整的训练,而无需"浪费"一到七节的常态班正课时间。好,问题来了,虽然教务处心里也很想同意家长们的要求,但是要在三年级的时候成立一个实质的班级,再怎么说也逃避不了被质疑为"能力分班",绝对没办法像资优班一般,轻松地蒙骗过关。不仅要面对外界可能的指控,更可能连学校内部的老师都没有办法摆平。如何解决这个两难的问题,就是那一天班亲会的主要目的了。学校希望把分班的动机,推托为家长的要求,进一步想请家长们去"解决"那些分班所可能面临的阻力。

再说到陈依琳同学吧!虽然她的成绩表现绝对符合潜能班的资格,却一直都没有参加潜能班,这一点不能说没有受到蔡老师的影响。在两年的耳濡目染之下,她很肯定蔡老师对常态编班的想法:教育不应该为了照顾某些少数人,而牺牲掉多数人的权利。她虽然清楚分班对她个人是有益的,但是她更相信常态编班才是对全体有益的方式。此外,她也很认同蔡老师对于学习的看法,认为学校的知识只是学习的一小部分,除了功课以外,还有更多值得投入的地方。就因为这样,所以陈同学在一、二年级一直没有参加潜能班,尽量利用课余时间发展以及探索个人兴趣。但是就要升上国三了,家长也认为应该在最后这一年好好地加强,于是就和妈妈一同参加那天晚上的班亲会。到了会场才发现自己是唯一的学生,这项巧合却意外地让蔡老师知道那颗陨石是怎么掉下来的。

"老师,我昨天去参加班亲会,有家长提到要分班的问题,然后主任就说虽然分班是最好的方法,但是校内有老师反弹,校方也感到很为难。学校已经尽力在协调了,现在10个班导师里面,只剩下1个导师还有意见,其他9个导师也都在劝这位老师,只是这个老师很坚持,还说如果学校一定要分班的话,他就要对媒体举报学校。老师,主任说的那个老师是不是你啊?"陈依琳这么对蔡老师叙述当天晚上的情形。

蔡国良立刻气愤地回答："开什么玩笑，我什么时候说过这些话啊？是！我的确和同学们说过我反对分班的立场，我也和你们分析过分班或分组之后的情形。可是至少就这件事来说，教务主任根本没有来问过我们二年级导师的意见，更不要说什么9个导师已经同意，只剩下1个还要顽强抵抗之类的说法。"

陈依琳又说："可是我听主任的说法，他好像真的就是在暗示那个老师就是你耶！"

蔡国良自言自语地说着："气死人了，八成是主任自己不敢分班，又不好意思向家长承认自己的无能，所以随便找一个人来当垫背。"

蔡国良老师马上找了徐惠美老师来了解情况。徐老师是两个资优班导师之一，当天晚上也参加了班亲会。一听到蔡国良的问题，徐老师的语气马上变得又支吾吾。"嗯……是没错啦！当天的确有潜能班的家长提了分班的要求，当时主任的回答是说分班是不合法的，所以没有办法直接分班，很容易被告。但是为了让潜能班的学生得到最好的照顾，学校打算采用合法的能力分组，只要把学测会考的"七科"都做分组，应该就可以了……"

蔡国良接着问："那我呢？主任有没有提到是我在阻挠他的分班？"

徐老师回答："是没有指名道姓啦！不过暗示得很清楚就是了。老实说，我觉得你要不要和教务处好好沟通一下，说不定是大家误会了。"

"沟通？你自己也在这间办公室里，难道你看到主任找我们开过会，讨论过三年级的分班或分组吗？他这样随便向家长放话，难道就是有沟通吗？再说到我个人，哪里是我不愿意沟通了？之前我每次反映问题，还不是都被漠视、忽略，搞到后来我都已经心灰意冷、不想讲话了；现在反倒说我不愿意沟通？"

"不是啦！我不是说你不愿意沟通。我的意思是大家应该一起把话说清楚才是。"

"你这种说法又要让人生气了。事实是我每次要请主任开会，共同来讨论这个议题的时候，主任就硬是不开会，然后到处对别人说我就是唯一的反对分子，这根本就是刻意地要分化老师，简直是卑鄙、无耻、下流、龌龊、肮脏、污秽、寡廉鲜耻……"

　　蔡国良愈想愈气，明明自己早就已经封口不再公开讲话了，教务处还是一顶大帽子硬是往他的头上盖。好吧！既然主任说我是妨碍分班的唯一绊脚石，干脆直接去找主任表态支持分班算了，看他还能不能再把这顶大帽子硬扣在我头上。

　　蔡国良立刻到了教务处，"主任，听说那个潜能班到三年级的时候要直接成立一个班出来……"

　　主任在第一时间立刻反应："分班？没有啊！我们学校怎么可能分班？嗯！那一天的确是有潜能班的家长这么要求，但是我已经很坚决地说分班是不可能了。其实就算是分组，我也和校长报告过了。分组之后，不管是 A 组还是 B 组的学生，生活常规都会变得很难管理，特别是 B 组班的上课情形，一定会造成学校很大的困扰。与其要牺牲校园的安宁来换取学校的升学率，倒不如不要那么在乎升学率，让老师及学生们都能安心地上课。我并不建议做分组的动作，只是到后来如果校长还是坚持要做的话，我也只能听命行事。但是，最多就是英、数、理三科分组，这个已经是我的底限了，学校的行事一定要符合教育主管部门的规定才行。"

　　蔡国良心想："果然是主任，说起谎来脸不红、气不喘的，要不是我这边有一个学生和一个老师当证人，八成就要被你耍了。"

　　接着又说："是这样啦！我也不知道学校到底要不要分班，只是我好像听到有流言，说是我在妨碍学校分班的政策，所以我现在是来表态的，我支持分班、或是分组，或是随便学校要怎么做我都没有意见。说实话，若是主任问我个人的意见，我还是希望能够常态，但是我只是老师而已，哪有能力阻挠学校的政策呢？不管下学期学校打算怎么做，我也一定愿意配合。也请主任若是不小心听到又有人在传什么有的没的，记得帮我澄清一下。"

　　话说完，蔡国良就晾下一脸惊愕的主任回自己的办公室了。坐在位子上想着想着，觉得只找主任表态是不够的，万一他把消息压下来，还是继续造谣怎么办？于是，他想到了号称"校园八卦中心"的体育室工友李宝珠小姐，她同时也是潜能班的家长，多半也是误会他的一分子。

他对李宝珠说："哈啰！李姐，听说你们那一天班亲会有谈到分班的问题？"

李宝珠吓了一跳，"呃……这其实是多数家长的意思啦！蔡老师，你自己也是有孩子的人，难道不希望孩子进入国中后能够得到比较好的照顾吗？分了班之后，每个班的程度都比较接近，老师也比较好照顾。硬是要坚持常态，班上的程度落差这么大，老师也不知道到底要怎么教才好，结果不只后面的同学拉不起来，就连前面的同学也被牺牲掉了……"

蔡国良心想："又是这一套理论，你们这些家长心里只有自己的小孩，都不管别人小孩的死活。假设你的小孩上不了潜能班，我就不相信你还会支持分班的做法。"但是算了，现在不是讨论这些的时候。蔡国良又说："唉啊！李姐，你误会了，我刚刚才到教务处向主任表态说我支持分班。其实我觉得大家都误会我了，我哪有能力去反对学校的政策呢？只是我常常在提生活常规的问题。不管分班、分组还是常态，学生的生活常规绝对不能掉，这也是大家该努力以及正视的问题啊！"

蔡国良看着李宝珠两个眼睛瞪得像个大眼蛙一样，再度证实他的猜测没错，大家都把分班的阻力赖到他的身上。接着，李宝珠又说："是嘛！其实真的应该分班才是最能够照顾到学生的方法，虽然后段班的同学会比较难带，但是只要老师们都能够以大局为重，大家各自尽力，又有什么生活常规会变差的问题呢？"

蔡国良心想："又要叫别人去死！是啊！分班之后的好处都被你们搜刮完了，然后坏处就要我们帮忙收拾。好啊！如果支持分班的老师都去上后段班，那我就没话说了。"话又说回来，和这种没有逻辑观念的人谈话是很辛苦的事。蔡国良不想再和她闲扯下去了，只是拜托李宝珠帮他辟谣，交代几句就离开了。

放学后，蔡国良的情绪还是无法平静，于是就来找我聊天了。他说他并不想再讨论分班的问题了，只是不能理解一件事：就算他早就已经失望透顶不再讲话了，为什么大家还是把他当成目标，觉得他好像一定在搞什么地下组织来反对学校的政策，这是为什么呢？

故事背后

琼斯(Jones)等人曾经设计一个类似百万大问答的游戏,并且请许多人在旁边观看。他们操弄的过程是让第一组的人在前半段多数答对,后半段仅答对少数;第二组的人则是在前半段少数答对,在后半段则多数答对;但两组人其实都是在 30 题问题中答对 15 题。两组的人随机、交错出现。比赛完后询问旁观者对这些人的看法,以及回忆他们答对的题数。结果大家普遍认为第一组的人比较聪明,大约答题 18 题以上;而第二组的人比较笨,大概不到 13 题。

这个实验提供了我们一个有趣的认知,原来就算是相同的信息,只要呈现的时间不同,结果也会不一样。研究进一步讨论,认为导致初始信息之所以重要的可能性或许来自以下三点:(1)人们总会有先入为主的观念;(2)大家往往会以先前的信息来解读后者发生的现象;(3)先发生的事情总是比较容易记住。

在上述的故事中,蔡老师在抱怨他都已经有一段时间不公开讲话了,为什么学校只要出了事情,总是习惯把矛头对准他? 这恐怕是因为他早期发言次数的频率或是强度太过凸显,已经在他人的脑海里留下了鲜明的印象,所以就算后来都不再发言了,只要之后没有比他当年更加凸显的例子来取代大家脑海里的印象,当问题发生的时候,大家还是很容易在脑海里搜寻到他的名字。

在哲学上也有一个类似初始效应的现象。请大家想象有一个老师要去上课,途中正好被某个同学叫住,说有一些心事想和他讨论。这个同学满脸忧郁的模样,不断强调如果老师不能“立即”陪他聊天的话,他就打算找地方割腕自杀了。老师基于爱护同学、关怀生命的心情留下来陪学生稍微聊了一下,竟因此耽误了上课的时间达 20 分钟之久。到了教室,同学们已经开始鼓噪,老师于是满脸歉意地向同学道歉并且说明经过,同学们也就不表示什么了。又一次,同样的事情再发生,老师又再度因为陪同学聊天而迟到,班上等待的同学显得比上次还要不耐烦,但是仍然原谅了老师的迟到。再一次、又一次、又再一次,同样的事情发生多次之后(这只是哲学问题,不要思考太多细节),班上的同学终于一状告到校长处，于是该老师被校长约谈。虽然校长也能接受老师的说法，但是很郑重地表示希望不会再有下一次，否则只好提出处分了。

好了，这一天该老师要上课的途中又被学生拦下来了，这个老师会不会不管学生忧郁的心情而去上课？或是不理会校长的警告继续陪着学生聊天？让我们假设这个老师只能做二选一的决定（再次强调，只是哲学问题，不要想太多），这个老师会如何决定呢？其实还是会留下来的。因为一般人在下第一次道德判断的时候，就已经包含了他的价值观，这种东西不是那么容易可以被威胁而改变的。

除了印象的初始信息的重要性之外，一般人也会从某人一开始的作为，推测他的价值判断，然后认定他就是怎么样的一个人。虽然蔡国良到后来都不讲话了，但是他是怎么样的一个人这样的刻板印象是不会变的。说了这么多，我其实想要告诉某一些很"黑"的人，不要以为不讲话就可以"漂白"，除非真正做出许多违背自己价值观的举动（这种举动很可能让自己遭受良心的谴责），否则别人对你的印象是不会变的。我也不建议那些很黑的人去做漂白的动作，因为很可能会徒劳无功，倒是觉得这些人应该坚持心中的正义，就好像以前"科学小飞侠"说的，正义终究会战胜邪恶。

对于蔡国良的例子，我觉得还应该考虑到印象的负性效应（negativity effect）。根据波利安娜原则（Pollyanna Principle），人们倾向对他人做正向的评估。例如问人："你觉得某某人怎么样？"答案通常是："不错啊！""还可以啦！"至少不太会出现负面的评语，这是因为人们期望能够被"好的"人、事、物所包围。也因为这个原则的存在，一旦某个人出现负面信息的时候，对这个负面的信息往往会被扩大来看待，结果，一个缺点的发现，极有可能掩盖掉九个优点的存在。

所谓的"负面信息"其实是非常主观的看法。某人的行为若是让另一个人感到厌恶，他就会认为这个人是坏人。这里面包含了两点的意义：首先是理性层面，某人的行为到底是对或错，在进入价值的主观判断之前，还应该要有理性的思考过程。虽然这个世界并没有绝对的真理，但是至少有基本的普世价值、是非观念的存在，不应该动不动就把议题模糊成"每个人都有自己的想法"。我觉得有些人明明就想一意孤行，又为了避免他人做独断的联想，刻意不把不同的意见付诸多数人讨论，只是轻描淡写地说："虽然你的想法不错，但是那只是你的个人意见……"然后再加一句："欢迎下次再提供你的想法。"这种人真是无知而又专横到极点。

其次是在感性的层面，这牵涉到当事人的修养问题。愈是有修养的人，愈会尊重每个人可以有不同的意见。可以不同意，但是不会去排挤，甚至还乐于从各种不同的想法中，综合出一个最完善的方法。我想蔡国良并没有遇到一个"对"的主任，所以他的"不同想法"通通被当成"负面信息"来看待，然后就不断地扩大，大到认为蔡国良就是一个恶劣的反叛分子，真是太遗憾了。

最后，说不定也可以从权谋论的角度来看待这个问题。大家都知道"杀鸡儆猴"的意思，就是当有一群猴子想要蠢蠢欲动的时候，就杀一只鸡来吓吓那一群猴子，警告他们不要轻举妄动。分班或分组的举动，其实未必能得到多数老师的支持，为了避免反对者的意见集合成一股锐不可当的民意，势必要在一开始的时候就来个下马威。我很不忍心告诉蔡国良老师，他的投诚应该是没有用的，因为人家的目的就是想要"杀鸡立威"，怎能允许这一只鸡中途变卦而不死呢？换句话说，还要再去找另一只鸡来杀不是很麻烦吗？

呜呼哀哉！这也是我为什么一直鼓励大家坚守心中的正义。除非心中的正义从来没有表现出来过，否则这已经是一条不归路了。

20. 虚假的一致 (false consensus)

场景

那一天,王圣芬老师在写黑板时忽然听到背后传来一声清脆的金属撞击声,根据经验,她马上判断出这是有同学在上课的时候剪指甲所发出的声音。还没回头,光是靠着交叉比对从左右耳后的听觉神经所传送到大脑的信息,她已经可以锁定声音大约是从什么方位传过来的。转身,她将目光往那个方向看过去,果然发现那一区同学们起了一阵小小的骚动。同学们一定觉得老师不会注意到这些小动作,却不知道有经验的老师专门在注意这些小动作。

王圣芬发现大家的眼神不约而同地瞄向一个男同学的身上,八九不离十,凶嫌已经在王圣芬的掌握之中。但是她并不想直接发脾气,只是淡淡地说了一句:"上课的时候不要剪指甲。"又转回去继续写黑板了。大约 5 秒过后,同一个方位,同样的声音再次出现。"唉!"王圣芬心想:"现在的学生就是这样,自己笨就以为身边的人都一样笨,刚刚已经瞪了一眼暗示了,还是不知道要收敛。"这次王老师不能再客气了,回头再确认一次,没错! 还是同一个人。于是她大声地说:"陈志强,我说的就是你,上课的时候不要剪指甲。"陈同学完全不甘示弱,大声地回应:"我都已经剪到一半了,有人剪指甲剪到一半的吗?"

王圣芬愣了一会儿,完全没料到会有这样的反应,当回过神再继续要求的时候,陈志强干脆连理都不理。就只是一瞬间而已,王老师心中设想了许多的可能:"要不要和同学直接起冲突?""起冲突后的情形会如何演变?""问题是不是要马上处理?""有没有能力压制住这个同学的态度?""要在教室处理还是到办公室处理?""其他同学站在哪一边?""要自己来还是请学务处帮忙?""距离下课还有几分钟?"一阵心念电转之后,王老师终于决定策略:请班长到学务处找帮手。这个动作引发陈同学更大的敌意,接着,一连串骂人的字眼就出现了,但王老师下定主意不理会他的挑衅。不多久,生辅组长过来了,陈志强完全没有停止叫嚣的意思,"白痴"、"机车"、"王八蛋"、"干"、"老师了不起啊"……。王圣芬努力地克制自己不可以有所回应,一方面是自己已经决定要交给学务处处理了,二方面也是怕落入学生的圈套当中。因为社会总是要求老师要有无限的包容,只要老师发了脾气,是非就不重要了,因为老师是不被允许发脾气的。

王圣芬向组长苦笑了一下,拜托组长把这个学生带到学务处处理,但是却讶异地发现陈志强嘴角的微笑,临走前还对班上同学做了一个鬼脸。"就快要被带走了,居然还一副嬉皮笑脸的样子?"下课后,王老师绕到学务处询问事情处理的经过,路上刚好遇到陈志强要回班上,非但没有悔改之意,还在擦身而过的瞬间对王老师比出中指。进入学务处,组长表示已经请导师联络家长,刚刚也骂过学生了,学生一定已经知道自己的不对了。"知错?"王老师心想:"那刚刚那一根中指是怎么一回事?"

王老师继续追问还有没有什么处罚? 主任在一旁就说:"是的,像他这样对老师不礼貌,按照校规,我们会给他记两次小过。"

"两次小过?"王老师感觉心里好像有某一条理智的神经断了,她大声地咆哮,把刚刚陈志强对她比中指的情形又说了一遍,然后说:"姑且不论小过两次到底严不严重,以他刚才的态度,根本是完全没有受到教训,也完全不认为自己有错,这种处罚到底算什么啊? 而且,为什么才只有两次小过而已呢?"

主任被王老师的声势吓了一跳,从标准"公事公办"的态度转为客气地说:"是这样的,依据规定,要记到大过以上还要召开惩戒会议,这样太麻烦了。如果王老师不满意的话,明天我们找其他事件,再补他一次小过好了,反正三次小过等于一次大过,意思是一样的嘛!"

王老师感到大脑在膨胀当中,还不太能够消化主任所说的这一番话的意思。这时候三班的导师钱欣蓉进来了,"报告主任,刚刚我已经和陈志强的家长通过电话了，但是我才刚讲了两句，对方就已经把电话挂掉了。最近差不多都是这样，大多数是找不到人，要不然就是好不容易打通之后家长不接电话，再不然就是像刚刚那样不小心接了电话，还没讲上两句就断线了。我记得在上次还算讲到话的通话中，家长一直强调孩子发生事情是在学校，而学校发生的事情他又没看到，也不知道到底真实的情形是怎样。他强调他不是不相信老师，但是老师动不动就打电话去烦他，他已经快要受不了了。接着他也说了：又不是家长不教小孩，只是骂都骂了、打也打了，孩子硬是不改，他又能怎么办？"钱老师继续说道："家长已经说了，反正这个孩子他已经管不了也不想管了，看学校要怎样就怎样，他不会有意见啦！"

王圣芬听得目瞪口呆，但是主任和组长却好像已经很习惯了一样。钱老师继续发牢骚："现在到底要老师怎么办啊？老师什么权力也没有，学生也不把老师当一回事，打电话向家长反映，家长还不是又把问题推回来给学校。大家都不想处理问题，那干脆把眼睛闭起来当作没有问题发生算了……"组长在旁边接着问："你有没有说学校希望他能够把孩子带回家管教呢？"钱老师回答："说啦！家长说他每天都要上班，没有空把孩子带在身边，所以他是不可能会主动帮孩子请假在家的。学校如果要强制执行的话，家长迫于无奈只好把孩子接回家，但是他也会去向教育局请教，看学校这样子的举动是不是合法……"

眼看事情大概不会有什么结果，王老师憋着一肚子的气回办公室说给其他同事听。不用说，大家又一起发了一阵子的脾气。

"这太过分了吧！老师在班上遭受学生这样的羞辱，学生才只能记两次不痛不痒的小过，那这样以后我们干脆都不要管算了，省得自己丢脸。"

"你说到这我才想到，上次不是八班的谢老师在上课时被学生推倒在地吗？后来好像也没有看到什么严重的处罚。"

"唉呀！你也不要这样说，学务处也有学务处的困难，这是现在教育的悲哀，整个法令把老师都绑得死死的，这又有什么办法？"

"没有办法？那不是说我们大家都只好'日头赤焰焰，随人顾性命'吗？前几个月办公室遭小偷，学校也是说没办法，叫我们自己要随身看好贵重物品，还说自己的抽屉一定要记得上锁,这算是什么不负责任的态度啊!"

"嗯……老实说,我在想如果我去当学务主任,八成也是想不出什么办法,我们也不要太苛责学务处了。"

"想不出办法是真的没有办法可以想,还是只是你想不出来而已？到底在'想办法'这件事上,做了多少的努力?"教数学的周老师是办公室最资深的老师,看着大家愈讨论愈激烈,好像是要出来做总结了。"有的时候觉得当导师是最可怜的,当我们在班级上遇到困难的时候,理论上应该是要向上反映,结果上面的主任也只是一句:'现在社会就是这样,我也没有办法。'就把问题又都丢回来了。好了,主任可以说没有办法,导师可以这么说吗？问题还不是每天要面对。最好笑的是还说什么:'要不然你有办法,你就说出来啊!'奇怪了,我只是一个导师而已,又没有领行政加给,也没有减课。又要照顾班级,又要帮主任想办法,这种官也太好当了吧!所以我说啊!干脆大家一起来摆烂好了,看最后到底是谁会倒楣出事……"

听完周老师的"高谈阔论",王圣芬还是觉得不妥,于是隔天一大早就约了校长一起聊天。她把遭遇的问题和心里的疑虑一并请教校长。校长皱着眉头听完王圣芬的叙述,语重心长地说:"你们的辛苦我都知道,但是这也是没有办法的事啊!我以前也待过中岺、宝城国中,他们那边的状况比这里还要严重。要不然你再去竹林、庄敬、中正那些和我们规模差不多的学校看看,有哪一个学校没有问题的……"王老师听了好灰心,她抱着最后一丝的希望说:"有没有可能,或许大多数都是有问题的学校,但是至少有一两间学校是有解决办法的,可以让我们去效法、学习一下?"校长斩钉截铁地说:"没有,现在全台都是这个样子,没有什么办法好想了。"

故事背后

人们总是会把自己的行为想成是典型的行为,认为自己既然这么做了,别人也应该都会这么做才对。这种把自己的行为夸大为所有人的普遍性行为的现象，就称为"虚假的一致"。

罗斯（Ross）曾与其他人一起在大学里进行一项研究。他们访问大学生是否愿意挂一个广告看板在校园里走 30 分钟，大约可以有 10 元美金的酬劳。不管受访者的回答是"是"或"否"，都继续问他下一个问题："请问别人是否愿意做同一件事？"结果发现，愿意做这个实验的人，会猜测其他有 2/3 的人也愿意做同样的实验；不愿意做这个实验的人，会猜测其他有 2/3 的人也不愿意做同样的实验。大家总会倾向认为：别人的想法，应该都和自己差不多吧！

校园文化的确在改变之中，老师过去所拥有的权威已经不再被允许了。有些人会去批评这是因为某些特定团体的攻击，或是媒体偏差的报道所造成的现象。但是我却不这么以为，我认为这是整个文化进步所必然出现的结果。说"进步"可能会被人误会，以为进步一定要朝向"好"的那一个方向发展。那么或许把它说是"改变"比较适合吧！文化的改变是无时无刻不在发生的，改变的结果或许并不如我们的预期，然而"好"、"坏"这种价值观的判断本来就没有一定的准则。若是因为文化的改变不是我们想要的，就极力地想要抗拒，阻止它的发生，结果只是如螳臂挡车，落得粉身碎骨的下场罢了。倒不如早早认清时代巨轮的变化，趁早学习如何适应新的时代来得有意义。

在上面的故事中，大家很容易就看到故事的重点：不管是老师、主任还是校长，大家都无奈于校园文化的改变，而且仅能做消极的抵抗。但是这种消极的抵抗又如何？到最后只是让问题更加地恶化罢了。我倒是想要重新强调一下那位周老师讲的话："想不出办法是真的没有办法可以想，还是只是没有想出来而已？到底在'想办法'这件事上，做了多少的努力？"我一直觉得要说出"做不到"三个字非常简单，但是我们真的能够承受"做不到"之后的后果吗？

"完全没有办法可想"和"现在还没有找到办法"这两者是非常不同的想法。如果我们肯定了前者，那么的确可以为眼前的困境得到些许的安慰，于是我们告诉自己："虽然我的日子不好过，但是反正别人的日子也一样不好过，而且根本没有所谓好过的日子，那么我现在这么不好过的日子，似乎也就没有那么不好过了。"真的是这样吗？然而，如果我们肯定的是后者，那么就可以得到以下的结论:"虽然现在的日子不好过,我们也的确还没有想到要怎么好过。但是,只要继续努力下去,我们的日子迟早会变得好过。"这两种思维到底哪一种比较好呢?

故事中还有许多小细节值得讨论。为什么陈志强在公然辱骂师长之后,可以表现得这么不在乎呢?难道他真的不知道自己的行为是错误的吗?我对这种说法持保留态度。我的看法是:他的确知道他正在违反校规,但是他无所谓,因为他心中有更崇高的行为动机,足以让他藐视校规的存在。是什么呢?因为他讨厌王老师,所以他会觉得班上同学都讨厌王老师。挑战王老师的举动其实不只是为了自己,更是为了替全班同学出一口鸟气。换句话说,在他心目中其实是认为自己在"替天行道"。

这是另一个"虚假的一致"的现象。当有一个同学(a 同学)讨厌某个老师(A 老师)的时候,他会利用聊天的机会,对其他同学(b 同学)表示他对 A 老师的厌恶。b 同学对 A 老师是否也有相同的厌恶感是不可知的,但是就算 b 同学心中并不讨厌 A 老师,也很难直接对 a 同学表明立场,说 A 老师其实并不会那么可恶。b 同学会用比较中性的字眼来回应 a 同学对 A 老师的批评(不要说学生,几乎所有人都会用相同的方式来应对)。然而这种中性的字眼却会被 a 同学解读为:"对,我们的意见是一致的,A 老师果然就是很令人讨厌。"这时候问题来了,a 同学开始在心里想着:"既然大家都这么讨厌那个老师,为什么没有人会去找那个老师的麻烦呢?八成是因为大家都怕事吧!好,那么我就来替大家出一出这口恶气。"所以他在被组长带走时还可以嬉皮笑脸,在处罚完之后还可以对王老师比出中指。他知道他是错的,但是他也"以为"他这么做可以赢得班上多数同学的尊敬。

这种现象其实常常发生,很多同学都误以为"民意"在他那一边,所以和老师呛声的时候总是理直气壮。建议老师在面对班级的时候,应该常常利用一些表决、投票、阐述意见等动作,来让同学们知道他的想法可能不是多数人的想法,而且班上的民意其实是在老师身上,而不是在某个学生身上。这样可以让那些同学的气焰消减不少,也替老师省掉许多的麻烦。

　　另一个小细节是：当老师对家长反映孩子在学校的情形时，我相信老师并没有那个意思希望家长回家后要痛打小孩一顿，但是家长总是会觉得痛打一顿是应该、必须而且"唯一"可以做的对策。尤其是那些会打小孩的家长，一定觉得每家都在打小孩，别人的小孩比较乖，大概是他的家长打得比较凶的缘故。当然，家长一开始都会好好沟通，但是老师告状的电话多接几次之后，嘴巴的沟通就会变成拳头的沟通；拳头的沟通又无效之后，几乎就等于无能为力了。这又是另一种"虚假的一致"。

　　或许家长会想："如果说也没效，打也没效，那么又有什么方法可以用呢？"我想要修正一下上述"打也没效"这句话的说法，因为光靠打，从来就没有有效过。问题出在"说"这个字。沟通是有很多方法的，但是多数人的沟通只是想要对方接受自己的想法，这种沟通当然没效。至于什么才是有效的沟通，这就要靠家长自己不断地进修了。多看书、多听演讲，才不会犯了沟通上的毛病还不自知。

　　虚假的一致还表现在许多地方，简单地介绍几个吧！

　　第一，某老师可能因为自己一路求学之路顺遂，就觉得自己曾经走过的这一条路才是唯一的路，于是强迫学生要认真读书，只有考上好学校才会有好前途。也或许是他当了老师之后才开始思考老师的责任，并且得到"老师就是让学生能考试得高分"这样的结论。同时，他相信其他老师一定也和他有相同的看法，所以当他利用下课时间、放学时间把学生叫到办公室来看书、写罚写，他会认为这么做是合情合理的，说不定还会认为不这么做的老师就是不认真的老师；却忘了办公室是所有老师"公共"的场所，不见得每个老师都愿意接受他这样的教学方式，他其实已经侵犯了他人的生活领域。

　　第二，某老师以前带班时总是用教鞭来督促学生，以前的学生也真的能够考到好成绩，甚至在毕了业之后还回来感谢他，他就以为使用教鞭是最好而且是唯一的班级经营方式。还会告诉自己："虽然现在学生恨我，但是以后他们就会感谢我。"就算有人劝告他现在是不能体罚学生的年代，他反而对此嗤之以鼻，认为那些人只是单纯地"怕被家长告"，根本就不能算是认真的老师。却没有想到别人可能真的找到了一个更优质的班级经营方式。

第三,某同学参加外面的补习班,常常在学校放学之后,在街上随便买个面包暂时止饥就继续上课到9点。补习结束回到家洗个澡、吃个宵夜,接下来还有一大堆的功课在等着他,但是他不以为苦,因为他觉得其他同学也都和他一样在受苦,这是身为国中生"必经"的阶段。而且如果不这么受难的话,就表示自甘堕落,成绩必定会一落千丈。却忘了补习是一种补救教学,应该是哪一科有需要才补哪一科,更重要的,补习绝对不应该补到让自己根本没有时间喘气,只有吸收而没有消化,结果只是在身体转一圈又排出去罢了,又浪费钱又伤身。

第四,某同学喜欢和a同学在一起,就以为所有人都喜欢和a同学在一起,结果刻意做一些小手段来离间任何想和a同学在一起的同学,以免分散掉a同学对他的感情;却没想到他心目中的宝贝,在别人眼中可能根本不屑一顾,一大堆的小动作只是把a同学和自己画在一个小框框里出不来罢了。

我自己也有一个有趣的例子。话说我的第一本书《逃学老师》出版之后,我当然很希望它能够得到多数人的共鸣。有一天上网随意地搜寻了"逃学老师"这个词,发现果然有一些人在讨论它(还好都是正面的比较多),其中有一个说:据说这本书已经在台湾"大卖"……看到这样的句子,我在电脑前可开心了,不过这好像和事实有出入,至少在当时还称不上"大卖"吧!喜欢我的书的人以为别人都会喜欢我的书,这好像也是一种"虚假的一致"。就以这本书来说吧!我当然对我的书有信心,相信(至少是希望)它一定会在市场上获得大家的青睐,但是每个人都有自己的价值观,我觉得"好"的东西,别人可能觉得"不好"。感谢那位支持我的网友,我在情感上百分之百支持你的观点,认为如果没有"大卖"的话,一定不是因为书不好看,而是因为书没有被看到。

最有名的例子可能是来自庄子的一则故事。庄子的好朋友惠施到魏国做了宰相,当庄子到各国游学的时候特别绕到魏国想要和老朋友打个招呼,但是惠施心想庄子的才智、能力都胜过他不少,到了魏国恐怕是想要夺他的相位,于是躲了好几天不敢和庄子相见,也不敢将庄子引荐给魏王。为此,庄子说了一则凤凰的故事来影射惠施的偏见,他说:"一只凤凰南飞的时候,没有遇到梧桐树的枝干就不会停下来休息，没有看到甘洌的醴泉也不会停下来喝水。一只乌鸦在地上吃着腐肉的时候，看到凤凰在天上飞过，还以为凤凰想要抢它的肉吃，拼命对着凤凰乱叫，却没想到像凤凰这么高贵的鸟中之王，根本就不屑吃这些腐肉。"庄子以四两拨千斤的方法化解了这种"自以为是"的想法，但是在现实生活中，有多少"自以为是"的想法却埋葬了事情的真相，抹杀了问题解决的可能性呢？

21. 服从 (obedience)

场景

"同学们,今天是学期末的最后一天了,有一些事情,我想若是现在没有说,以后说不定也不会有机会说了。大家也都知道,我对分班的立场是什么,我个人坚决反对分班,但是一个人的力量实在有限,以我现在得到的信息来说,明年大概分班是分定了。放完暑假回来,我也不知道你们还剩下几个人在这个班上。今天,请大家不要再把我当成老师,就当作是一个大哥哥好了。我想我没有办法再继续保护你们了,但是不管你们开学后被分到哪个班,大家都在同一个学校,我欢迎你们再回来找我,也希望你们能够持续保持上进的心。不管你们在哪一个班,不管你们以后的老师是谁,要知道,读书是为了自己,如果你不喜欢现在身边的环境,那么就更应该认真地读书,想办法脱离现在的环境。在努力的过程中,希望大家还是能保持神智的清醒,不要被现在这种恶质的竞争文化所同化……"

说话的人是林冠铭老师,在期末的结业式之后,他特地把学生留下来谈了这一席话。说完,他也忍不住双眼泛着泪光地离开了。其实,他心里想的,他亲身所遭遇的,远比可以对学生说出口的内容多太多了,只是他不知道该如何开口。他怀疑学生能够感受到他的压力?他也怀疑把这种压力让学生知道是否妥当?然而不说吗,又有谁能够知道呢? 一段时间之后,这些同学再被其他老师洗脑,自己的爱心又变得一无是处了。是的,这两年和这一班的学生相处很愉快,但是他也很清楚学生对情感的联系并不是那么坚定。虽然刚刚说大家都还是在同一个学校,只要想,随时都可以回来找他,然而,两个月的暑假就已经可以把感情冲淡大部分了,再加上开学之后还要适应新班级、新老师,哪里会有同学真的回来找他呢?话又说回来,同学们也要面对未来,怎么可以一直在缅怀过去呢?

林冠铭坐进车子里,却没有想到要发动车子,仍然只是在驾驶座发呆,他很纳闷自己为什么会落到这样的处境之中。前些天才听说有人把他的假单藏了起来,打算给他冠上一个"旷职"的罪名。哼!真亏他们想得出来,连这种荒谬的手段都敢做。还说几位支持分班的老师们,伙同教务主任一起到校长室密商要用什么方法才可以把他赶出这个学校,以免造成学校的负担。唉!他叹了一口气,到底为什么会变成这样呢?想起自己以前求学的时代,一路上也都是待在前段班里啊!为什么要反对分班呢?

发动车子,他缓缓地往回家的路上前进,这一条路同样也是他第一年要初为人师的时候所经过的路。他回忆起他在这条路上,即将当老师的兴奋。"那时候到底在兴奋什么呢?"接着他的脑海里又浮现了这几年教书的场景,他看到前段班同学眼神里的焦躁、无奈,也看到后段班同学眼神里的忿恨、空虚。他怀疑自己学生时代是否也是相同的眼神呢?印象中好像没有,或许是因为读书对他来说从来不是压力吧!学生时代的他不了解其他同学读书读得这么痛苦,现在当了老师,又怎么能够对这些眼神视而不见呢?

开着,开着,脑海中又自然地浮现出那些对他不利的传言:"上课不认真,整堂课都在和学生聊天,要不然就是放影片给学生看""班上的扫地工作都没有在监督,放任学生根本连扫地工作都不做""因为自己没有教到前段班,就要求学校不可以分班""自己不认真教书就算了,还要把学校一起拖下水""……"唉!他再叹了一口气。其实他不是很关心那些谣言的内容,这种东西只要当面对质就可以清楚了,自己坐得正,也不担心别人怎么说。但是他对于那些人如此搬弄是非,真的感到非常不能接受。刚开始是气愤,怎么可以这样乱传谣言?接下来则是不予理会,反正嘴巴长在他人身上,自己想管也管不着。最后则是沮丧,连老师都是这副德行,培养出来的学生会是什么样子呢?

想着，想着，学生那种空洞的眼神又再度来到他的眼前，他开始面临挣扎了，到底要不要继续坚持快乐学习呢？可是坚持又怎么样，事实已经证明，他一个人是不可能成功的。他不禁想到其他老师。是的，的确有一些老师认为在学生时代，如果没有把他们的成绩逼出来，就是对不起学生以及他们的家长。如果这是他们的价值观，那么的确没有什么好说的。但是这会是多数老师的想法吗？难道没有其他老师看到学生眼神中那种无言的求救吗？

林冠铭伸手拍了一下额头，想要把脑袋里那些烦人的念头拍掉，当他把注意力再度放回眼前的道路时，却发现不知道什么时候已经迷路了。算了！他心想，就这样随着它乱开吧！看它到底要把我带到什么地方。

故事背后

我记得李家同教授在他的《幕永不落下》这本书里写了一则"惧童症"的故事。故事描述一个日本的学者，年轻的时候参加南京大屠杀，当时在战争中不是我杀人，就是人杀我，所以杀人是一个常态，就算面对可以不杀的小孩子，刺刀也是毫不犹豫地穿进孩童的身体。但是当战争结束，他终于从那种变态的气氛中醒过来的时候，公园里天真活泼的孩子们，居然一个个成了夺命的厉鬼。他没有办法原谅自己当年的罪行，连带地，变得无法和任何一个可爱的小孩接近。我在看这个故事的时候，就觉得不管当时的背景是多么的合理，只要日后认识到自己做错事的时候，心里的压力绝对是没有办法那么容易消除的。

如果明知道是错的事情，人们会不会因为长官的命令而去做呢？二次大战之后，国际法庭在审判纳粹科学家，质问他们为什么会做出如此不人道的实验时，科学家们异口同声地回答："我们只不过是听命行事。"大家很不能理解一个受到这么高知识训练的人，为什么会如此盲目地听从权威的摆弄。后来，有研究指出在医院服务的护士们，也有类似服从的现象。假设医生开给护士的处方里，要求护士注射某种药剂5cc，但是护士在以往的课本里读过，这种药剂只要超过3cc就会有致命的危险，该怎么办呢？多数的护士会再向医生确认一次，但是如果此时医生仍然态度坚决地要她照做（可能来自疏忽，也可能来自专业的傲慢），护士会不会真的打这一针呢？结果发现，竟然有高达四成的护士真的会打下这致命的一针。

这个结果违反了我们的直觉思维，所以后续有许多人做类似的研究，例如米格兰（Milgram）所做的"破坏性服从实验"。他借由报纸登广告，找到一群自愿者要来参与电击与学习的实验。实验方法是一个人扮演老师，另一个人扮演学生，老师教导学生有关"配对"的学习，而且答错就使用电击来惩罚学生。大家都想要扮演老师，不过此时实验者会指派其中一名当学生的角色，表面上是随机指派，实际上这一名要担任学生角色的人是一开始就安排好的演员。实验开始，受试者（扮演老师）站在一台机器前面，机器上贴有标签：

第一级，0～240伏特，由轻到强

第二级，255～300伏特，激烈

第三级，315～360伏特，极度激烈

第四级，375～420伏特，危险

第五级，435～　　　　，??????

实验者就站在受试者的旁边，他对他说电击可以活化脑细胞，让人们的记忆力变好（当然是骗人的），所以只要答错就放心地电，不会有问题。

担任学生的演员很快就被电了，而且电压持续增加，120伏特时开始叫痛；150伏特开始抱怨；200伏特开始诅咒；270伏特开始挣扎；350伏特之后就开始歇斯底里地乱叫；400伏特以后就只有抽搐反应了。实验过程中，受试者不断以眼神向实验者询问，但是实验者仍然很坚定地要求受试者继续加强电压。结果，100％的人会电到第一级，88％的人电到第二级，68％的人电到第三级，甚至有65％的人会电到第五级。

可怕吧！只要有一个权威者在旁边告诉你："做就是了！"人们居然会如此盲目地抛弃掉自己的道德认知，完全听从这个权威者的要求。如果是在威权的时代，这种现象应该很常发生，而且多半也很好理解。但是现在已经是民主时代了，还会有这种事情发生吗？唉！还是有的，不知道是因为我们民主的历史太短；或是因为中国帝制五千年，集体潜意识对我们的影响太深，在各组织内，好像很难避免极权统治的现象。

不知道听谁说过，大家都想当皇帝，但是如果只有一个人想当皇帝是绝对当不成皇帝的，一定要身边有人自愿当奴才，才会有皇帝的出现。而且，当奴才的人愈多，皇帝的位置就愈巩固……这就让人感到很疑惑了，当皇帝的人享尽荣华富贵，梦想坐在那个位置还算可以理解，怎么会有人自愿当奴才呢？我做了以下的猜测。假设把全天下的财富均匀分配之后，每个人都可以分得100元，过着中上的生活；但是就是有些人不甘心过得和别人一样，所以他们拱了一个皇帝出来，把天下90%的财富搜括一空，于是每个人只剩下10元；而这些奴才因为帮着当狗腿，所以可以分得80元。怎么样，比别人多了8倍，很不错吧！但是他其实也是少了20元，可见这些奴才的脑袋真的不太清楚。

好吧！我们不要再讲什么奴才的问题，说不定他们只是因为价值观相近，所以才会集合在一起。但是对于价值观不同的人，他们是如何处理的呢？有一次我参加桃园县教师会办的一场研习，会后大家在聊天，才发现每个人都各有各自的委屈，说起来都是一篇篇的故事。我还开玩笑地说全台湾教师会真的应该要改名字，要叫做"全台湾教师受难者协会"才对。说起来，大多数的人好像都是遭到校长的迫害，但是我认为只有校长是不足以达到迫害的效果的，学校里一定还有一群人附和（甚至是揣测）校长的意见，才会对当事人形成一股强大的压力。那么其他人为什么会做出这种迫害同事的行为呢？这是不是来自"服从"的现象？

写这篇文章的时候，我刚好每天晚上都守在电视机前面，看着公视改编自侯文咏的同名小说《危险心灵》，我不知道其他观众都怎么看这出戏，但是我真的看到学生们那种挣扎的情感，然后总是自问："难道这种挣扎是人生必经的过程吗？""难道那些挣扎过而且存活下来的人才算成功吗？那么，失败的人又将何去何从呢？"

教改走到这一个地步，虽然我很心疼所有老师的处境，但是我仍然必须承认："老师们是有责任的！"我不会说教改是因为老师们不够认真而失败，然而老师们在看到政策出错之后仍然默不作声，就值得被批判。

我真心相信没有人会故意为恶，所以一切的事情都源自于价值观的差异。然而价值观并不是一个恒久不变的真理，如果大家懂得尊重每个人的想法，那是最好不过了。但是若是用尽各种手段来迫害其他"异己"，事过境迁之后，内心一定会后悔不已。不要说这些排除异己的举动是来自本身的念头，若是只因单纯地服从于上级的指示，自己不愿意去思考"对"与"错"的问题，到后来一定会遭到更大的悔恨。

在米格兰的研究中，该怎么抗拒这种破坏性服从的现象呢？有几点值得在"事前"告知当事人。第一，告诉当事人，出事自行负责。其实一向如此，没有人会因为"是别人叫我去杀人的"就被宣判无罪，只是这种常识有没有被说出口会差很多。第二，提供"不服从的楷模"。如果能够让当事人知道有别人能够在类似的情境中，摆脱权威的掌控，比较容易让当事人勇于做自己。第三，告诉当事人："人很容易受权威的影响而盲从"，这样他才会有机会去思考自己是不是也落入盲从的迷思之中。

我需要很大的勇气才能够写出这一篇文章，因为它的内容是很严厉的指控，希望是我把问题看得太严重了，就当我是在杞人忧天好了，但是上述的三点警告本来就是要在"事前"告知。

22. 认知失调理论 (cognitive dissonance theory)

场 景

　　这个故事要接续自《印象的初始信息》那一篇故事的一年之后。那一天大约是 6 月 10 日前后，正是国中第一次基本学力测验的成绩放榜的时候。我的朋友蔡国良老师约我去喝下午茶，和我谈到他们学校这一次考试的结果，以及他们学校现在诡异的气氛。说实话，我一向没有能力解决别人的问题，但是如果朋友借着把话说出来就可以稍微舒解压力的话，我倒是很乐意当别人的垃圾筒。

　　话说蔡国良老师向教务主任表态之后，教务处果然就顺理成章地成立潜能班了。但是学校倒也不敢大张旗鼓地在学期末做下个学年度的规划，而是利用暑假期间，私底下安排导师及任课老师。然后，到了三年级开学注册的那一天，多数的老师及学生到学校之后才发现变天了：学校真的为了成立潜能班，而把所有 10 个班级的同学打散，重新来一场洗牌。

　　蔡国良倒是没有表现得太过震惊，应该是说事先就已经心里有数了吧！叹了口气往班级的教室走去，还好，班上的生面孔只有十来个，可是最得意的五虎将已经有三个不见了，其中还包括了陈依琳（到潜能班去了）。蔡国良没有说什么，照例在开学的时候选举班级干部，安排扫地区域的分配，然而他也看得出来，同学们一脸气愤的表情，就像是被学校出卖了一样。

　　接下来的一个学期，同学们像是豁出去了一般，上课睡觉已经不能够算是违规了，因为比上课睡觉更严重、更破坏秩序的行为屡见不鲜。听 MP3、打手机、聊天、玩牌、下象棋、迟到 20 分钟、在教室内任意走动、射纸飞机……种种违规的行为层出不穷。任课老师招架不住了,一个一个地往学务处送,然而学务处也没有办法处理这么大量的违规同学,到后来都是处罚"桂河大桥"就算了事。有一些聪明的老师已经开始明哲保身,放任学生漠视生活常规,至于一些不太聪明的老师,还坚持上课秩序要有最基本的要求。然后,学校发生了一个事件。

事情发生在一个王老师的身上。那一天他在上课的时候,好不容易把所有的声音都消弭(听 MP3 或桌底下看漫画、玩牌那种"静音"的动作,他已经不管了),正回头写黑板的时候,后面忽然传来手机铃声,王老师头也不回地说了一句:"上课的时候请把手机关机。"然后就继续抄黑板了。写完板书,王老师回头看到一幅惊奇的画面:有同学正在打电话。天啊! 藐视校规到这种地步,这怎么能够接受呢? 王老师顺手把一个板擦丢过去,正中学生拿着手机的左手,当场班上立刻爆发一场大战:学生站起来骂老师,老师也不甘示弱地回骂,场面激烈得连隔壁班级的同学都围过来看发生了什么事。

不用说,场景马上就移到学务处,主任及组长们极力地缓和双方的情绪。当然,这件事是学生的错在先,但是王老师后来处理的方式实在很不恰当,主任也担心会有后续家长不理性的反应,所以急于想要请家长到校来协同处理。可惜学校再怎么联络,就是找不到家长,只好要求该名同学回家通知家长明天到校一趟。当天,王老师放学回家的时候,却发现他的轮胎被刺破了。他先是看到有一个轮胎没气,心里还期待着只是被放了气,只要重新灌气就好。但是到轮胎行后希望就破灭了,一道美刀工的伤痕,老板说没有办法补,只能换一个新轮胎了,还开玩笑地说:"你八成是乱停车,遭到人家的报复了吧!"

隔天,王老师到学务处找主任主持公道,主任说:"这个很困难吧! 又没有证据,也不能随便诬赖是哪个学生做的事。"听了这种说法,王老师只能在心里淌血。

接着,主任告诉王老师,昨天那位同学的家长没有时间到学校来,只能利用中午的休息时间,在公司附近的一间咖啡厅和老师进行沟通,主任邀请王老师能够一同前去,毕竟他才是当事人。当天中午,主任带着王老师一起到咖啡厅,主任告诉王老师,大家以和为贵。为了不让王老师在陈述事情经过的时候,有太多情绪的表达,反而坏了沟通的气氛,主任建议由他来帮忙讲话就好。王老师答应了,席间主任也的确很认真地在解释昨天的情况,希望为双方都能留一些退路,不过对方家长表情冷淡,只是偶尔发出一些声音,表示他还活着。最后,主任觉得应该差不多了吧!于是站起来请王老师和家长互相握一下手,表示这个事情到此为止。王老师虽然满肚子的委屈,但是也只好站起来伸出手等着对方也释出相同的善意,该家长缓缓地站起来,停了一秒后却以迅雷不及掩耳的速度把桌上的一杯水往王老师的脸上泼,接着抛下一句:"这件事就这样算了,下次给我小心一点。"

王老师第一时间只是呆住了,他先看到家长离去的背影,才看到主任一脸震惊的表情,接下来所有愤怒、羞愧的感觉同时涌上来,他没有想到要哭,但是眼泪却自动自发地滚下脸颊。主任也不知道该说什么,随口说了句:"对不起,我要先回学校处理事情了。"然后匆忙地离开。王老师下午并没有回学校上课,印象中他好像在咖啡厅里哭了很长的时间,然后迷迷糊糊地回到宿舍。

之后几天王老师都没有到学校上课,主任自动帮他请了病假。也不知道消息是怎么传出去的,但是这个事情就像是在校园里投了一枚炸弹一般,不只助长了学生调皮捣蛋的气焰,更是严重打击了老师的士气。大家说以后都不敢管学生做什么了,就算是因为认真教学和学生起了冲突,学校也没有办法保护老师,那么老师又该如何自处呢?

再说到那个潜能班吧!原本成立潜能班就是希望能够有充分的时间来做完整的复习,他们果然也很拼,早在国二升国三的暑假就已经把第五册(三上)的课程上完,三年级一开始就不断地复习一、二年级的内容。每天都有小考,每个星期都有复习考,每个月还都安排一次模拟考。上学期就已经是这样了,到了下学期考试变得更加频繁,结果有不少同学开始觉得无法负荷,干脆放弃不再准备,反正要考什么随便考,2B铅笔拿起来也是随便画。辅导主任在主管汇报时反映:同学到辅导室求助的情形与日俱增。学务处也感到这些A段班的学生请假次数有变多的情形,有些是拉肚子,有些是呕吐,还有什么头痛、精神恍惚等症状都跑出来了。任课老师说学生心情变得浮动,虽然整天都坐在位子上，上课时也认真地盯着老师看，但是感觉眼神空洞，好像都在发呆一般。

这些都看在蔡国良的眼里，但是他又能怎么样呢？事前早就反映过不知多少遍，甚至还多次找校长深谈，希望校长能重视这样的问题。升学率又如何？总不能把学生都变成行尸走肉吧！但是校长只是说他也有压力，不只家长在看，升学率如果不好连县长都要关心。

终于，一年的时间大家都熬了过来，马上就要面临决战的时刻。不过蔡国良很触人霉头，在与同事闲聊的过程中总是说学校这一次的考试一定会很惨。他不是在预言，只是运用逻辑的归纳法做出一个合理的假设。6月10日，学测成绩放榜，蔡国良不幸言中，PR值在90分以上（能考上第一志愿）的只有5个，更有46％的同学，PR值未达40分。全县要比这个分数还差的学校，大概就只在很偏远、很偏远的山里了。

虽然结果令人很遗憾，但是蔡国良心想："也好，这样学校或许可以重新思考分班到底是不是一个有效的政策了。"意外地，蔡国良在学校还算交好的同事郭淑芬来找他，透露一个对他很不利的信息。她说她不小心听到教务处在讨论这一次的挫败，结果大家好像都把矛头指向蔡老师，还请校长对蔡老师做出实际的惩处。

"蔡老师，我看你真的还是要收敛一些比较好，现在大家好像都把考试考不好的责任算到你的头上了呢！"

"怎么会和我有关系呢？那几个A段班我都没有上，也不是该班的导师，考不好和我有什么关系啊？"

"他们说就是因为你一直唱衰，才会让这次的考试考差。"

"天啊！我如果这么厉害，干脆去当什么法师就好了，还待在学校当老师干什么？"

"理性上是这么说没错，但是现在大家的情绪都很低迷，谁还会用大脑想事情啊？老实说，这都是因为你太爱提问题了，学生烂就给他烂嘛！你这样一直强调，感觉好像就是被你唱衰的。"

"算了，不提这种无聊的话题，他们真敢给我考绩乙等就来吧！话又说回来,那以后的分班怎么办？还会不会有资优班、潜能班这种东西啊？"

"有，怎么会没有？他们在讨论的时候，李宝珠也在那边一起参与讨论。以后不要说资优班、潜能班要继续办下去，李宝珠还说就是因为潜能班太慢成班了，所以考试的结果才会不够理想，建议学校应该在二年级的时候就要成立，而且为了保持同学的竞争力，最好是每一次段考后都可以重新调整，成绩有被后段班的同学追过的，就要离开让成绩好的同学进来……"

"这些家伙真是超级没良心的，难道他们看不到学生的压力到底有多大吗？都已经快把学生逼疯了，居然还说要再逼得更凶一些。"

"没良心？我告诉你，在他们的口中你才是没良心的老师。你小心一点，他们现在正打算找你的麻烦，随便冠个'不配合行政'的帽子，你就准备吃不完兜着走了。"

"我才懒得理这种恐吓，大不了就是考绩乙等，赔个五六万的考绩奖金而已。可是你刚刚说到他们开的这个检讨会，这些人难道看不出来，一切都是生活常规垮掉所造成的结果，这一部分他们又要怎么自圆其说呢？"

"这一点他们当然也想过了，但是大家说全县的其他学校也都有问题学生，所以这项因素可以忽略不计。既然别的学校考得好，我们学校就没道理考不好。说着说着，又把责任推到导师的身上，说是因为你们这些后段班的导师没有尽好自己的本分，才会让学生的纪律变差，听说下学期好像又要增订一些规范来要求导师的工作内容。"

在咖啡厅里，蔡国良愈说愈是激动，而我只能静静地坐在他的对面倾听，我真的帮不上忙，但是倒很能体会他的心情。蔡国良一口气把他的闷气都说出来之后，身体往后一躺，把整个人埋在沙发里，喃喃自语地说着："原来，人们只愿意看他想看到的事情。"

故事背后

说起人们怎么面对"心想事不成"的问题，费斯廷格（Festinger）等人应该算是研究认知失调的先驱了。在一个观察某神秘宗教的田野调查过程中，他提出了认知失调理论。该神秘宗教借着散布世界末日的信息来吸引教众，并且告诉大家，只有相信他们，他们的上帝才会保佑大家在世界末日来临的时候，让所有信徒都可以得到救赎。后来，教主宣布了一件重大消息，世界将在某年某月某日毁灭，而他们的上帝会在当天的零点，派遣太空船来把信徒们都带走。这个消息在信徒之间造成非常大的效应，大家开始把握最后的时间，花光所有的积蓄，做完所有想做而还没做的事情。然后，到了最后的几天，大家陆陆续续地朝总部前进，等待飞碟的降临。

那天晚上真是盛况空前，费斯廷格等人混在人群之中，尽可能地记录当时发生的所有事情。时间开始倒数，群情也愈来愈激动，5、4、3、2、1，时间到，大家一路攀升到最高点的紧张情绪忽然松弛了下来，取而代之的是茫然以及无助，因为什么事情都没有发生。于是，"上帝也会迟到吗？""宇宙也有塞车吗？""会不会是日子记错了？"……种种的臆测开始出现，并且也开始有少数的人陆陆续续地离开了。凌晨2点，教主亲自现身说法："恭喜各位，不但我要恭喜各位，全人类也应该要感谢各位，根据我刚刚和上帝沟通的结果，上帝因为感念各位的诚心，已经决定不要毁灭这个世界了，请大家安心地回去吧！你们已经拯救了全世界。"

有人会相信这种笑话吗？正在看这本书的读者们一定会对教主的谎言嗤之以鼻，但是对当事人来说可完全不同了。后续发现，多数信徒对宗教的狂热程度变得更加坚定，因为他们真的以为自己的诚心感动了上帝，他们这个宗教挽救了一次世界末日。

由原本相信上帝会来，到后来发现上帝没来，这个过程称为"认知失调"。费斯廷格等人关心的是："人们如何面对这样的结果？"以上述那个神秘宗教的故事为例，信徒们可以选择继续相信，那么原本的信念并没有错，自己的自尊并没遭到打击。也可以选择不再相信，那么就只好承认之前是被骗了，难免会联想到自己以前真笨。研究发现，解释的方式和维护自尊有很大的关系，为了维护自尊，大家往往会乐意再继续被欺骗下去（很多诈骗集团其实就是运用这样的心理在骗钱,而且是一次又一次的成功)。

在一开始的那个故事中,学校以及家长(李宝珠)的立场都是相信分班才是对学生最好的照顾,才能提升学校的升学率。此外,要让学生考得好的不二法门就是多练习,所以要不断地让学生考试,用大量的考试来代替教学。再来,因为分班而衍生的学生生活常规的问题呢? 这也是一个很标准的反应,当自己没有办法解决的时候,为了避免让自己的自尊心低落,一定要想办法把问题往外推。当问题不是自己的问题之后,不但可以避免自尊低落,还可以借由指责他人的不是来达到提升自尊的目的,真是一举两得啊!

先谈到不断地复习考试是否能够提升学生成绩这件事,我想所有的专家学者都不会认同这种想法。但是很不幸,支持考试的部分老师以及家长们根本不管这些专家的意见,他们只想相信自己所相信的事。或许,如果教育主管部门有心的话,不定时安排学者们多办几场演讲或是公听会,应该能够逐步地让整个社会的观念扭转过来。像公视常常有一些"公民众议院"、"观点360"或"纪录观点"之类的节目,多做一些类似节目,或是利用置入性行销的观念把教改的理念安插到各个节目,久而久之,民众也就能够被教育成功了。但是以现在的做法来看,我好像感觉不到政府有打算做这方面的努力。

很符合"认知失调理论"的是,当学校及家长发现他们这样狠狠地烤(考)过学生之后,学生居然没有冒出阵阵香气(升学率提高),正常人应该会去思考是不是该试试别的方式,但是当事人却只愿意想"原来我的火力还不够强大"。为此,我已经不能再多说什么了,只好把希望寄托于玄学:听说地狱是有第十九层的,这些人应该多关心身后事。

其次要提到分班之后,后段班学生如何照顾的问题。刚刚说了,学校会安排一些不听话的老师去看管这些后段班的学生。这种班级好不好带? 当然不好带,但是不好带是导师的事,因为一开始大家的想法就已经认为:"只要导师尽心,后段班就不会有问题。"现在发现后段班果然出现问题,那么就可以得出"导师不够尽心"的结论。在这种逻辑下,合理的做法是"再施加压力给导师"。请大家想象一个画面好了,一个狠心的马夫,虽然主人拨给他100元购买饲料,但是他只拿了60元买了一些比较次级的饲料,马儿当然长不好、跑不快。为了掩饰自己的罪行,于是马夫狠狠地鞭打马匹,希望他们达到100元饲料的水准。对于这种人,我也只能继续做道德威胁:"第十九层地狱是存在的。"

好吧! 忘了十九层地狱这回事,希望人们只是在无意间掉入了"认知失调"的陷阱当中。相信在看了这篇文章之后,那些被自己的想法所限制住的人可以重新而全面地思考问题,不会再被错误的观念所绑死。

23. 团体迷思 (group thinking)

场景

杨志华以"年级主任"的头衔参加了一次扩大行政汇报,与会的人有校长、各处室主任、各处室组长以及各年级的"年级主任"。"年级主任"其实只是一个挂名的头衔,就是各年级的导师所推派的一个代表而已。老实说,这个"主任"一点权力都没有,被校长找来一起开会,顶多也只是列席的功用。他当然可以在会议中发言,但是他更被期待担任一个"背书"以及"信息传达者"的角色:一方面证实这个会议的结论是在学校老师"高度"的共识下得到的结果;二方面也是希望他能够把会议的结果,第一时间传达到各年级的导师办公室。

那一次会议的主题是要讨论资优班的招生简章。这其实已经是第四届的资优班了,简章根本只需要沿用上一次的内容即可,只是因为最近新闻爆发了"中部四县市资优班联合招生"的事件,社会的舆论似乎已经开始在批评资优班的设立太过浮滥,让校长、主任感到有点压力,所以特别召开这个会议来听听大家的意见,是不是还要继续招生。

一开始大家到会议室时,附近的人很自然地闲话家常,聊聊小孩、服装、旅游等等无关痛痒的议题。不久,等到教务主任看到校长也就座之后,就正式宣告会议开始,并且在公布了开会的主题之后,静待大家发表意见。在座的老师们迅速地把头低下来研读手上仅仅两三百字的资料,整个会议室的温度似乎在一瞬间下降了 10 度以上。

教务主任身为会议的主持人,只好先抛出几句话:"是这样子的,虽然最近全台湾为了资优班招生的问题吵得很凶，而且好像连教育主管部门都出来说话了。但是老实说，像我们这种比较靠近市郊的学校，如果没有开设资优班，根本就不能把学生留下来，如果好学生留不下来的话，以后学校的运作就会更加困难，学生流失、减班、超额等问题，恐怕都不是我们乐见的结果……。"

又是一阵沉默。主任又接着讲："那么，我们明年还是照旧分别成立数理及语文两个资优班吧！"眼看着好像要定案了，杨志华终于忍不住跳出来讲话："资优班的成立其实会衍生出许多学生行为的问题，我们学校所在的地点又不是什么大都会，一个年级不过才十个班而已就要成立两个资优班，把那些稍微会读书的学生都吸到那两个资优班之后，剩下来的八个班根本就完全没有人可以用，不仅老师上课带不起来，连带地使学生的生活常规都垮掉了，像这种问题又该怎么办呢？"

有人起头之后似乎就比较敢发言了。生辅组长接下来说："我觉得杨老师说的问题的确应该要注意，像我在校园巡视的时候，确实发现非资优班的班级表现得有点像以前的后段班。"

注册组长说："可是资优班的成立已经是一个趋势了，看看我们附近的学校，除了那些一个年级只有三个班、四个班的小学校，几乎没有哪一所学校没有成立资优班的。如果我们学校没有资优班的话，可以想见一定会有很大量的学生流失到其他学校去。"

三年级的年级主任（他同时也是三年级资优班的导师之一）说："我也觉得应该要继续成立资优班。现在学生、家长的素质相差这么大，如果没有特别把这些还可以读书的学生集中起来，到时候他们根本没有办法和外面的那些学生竞争。如果他有能力可以考上第一中学，却因为我们没有尽到应有的照顾，最后让他考不上，我们不是会对不起这些学生吗？"

整个话题被挑起之后，讨论迅速热络起来，但是还是有过半数的老师并没有表示任何的立场。眼看着一节课的开会时间就要结束了，支持与反对的意见似乎并没有能达成共识。校长在这个时候讲话了："老实说，最近我也受到很大的压力，很多家长打电话来询问学校是不是要继续办资优班，还说如果学校不办的话,他们就要带着小孩到别的学校报名了。我也知道资优班的成立的确会对后面的班级有一些冲突,但是我相信我们学校的导师一定能好好地照顾这些学生,学务处也一定会全力帮助导师们做好生活常规的要求。虽然最近那个新闻吵得很凶,但是资优班是一定要办的。"

反对资优班的老师们面面相觑,但是校长都已经说话了,再有满腹的委屈也不太好意思说出口。倒是之前有一些没有发言的老师这时候开始讲话了:"还是应该成立资优班比较好,别人都这么做,如果我们没有这么做的话,不是会跟不上别的学校吗?""有些学生的程度真的比较好,如果我们不成立资优班的话,真的是会牺牲掉这些学生。""就算没有考上资优班,又不是表示我们就会放弃掉他们,他们也还是在常态班啊! 怎么可以拿他们和以前的放牛班比较?""如果没有成立资优班,我们真的会失去竞争力,到连家长都不认同学校的时候,那就来不及了。""……"

杨志华感到自己好像遭到乱枪扫射一般,虽然还想极力表达成立资优班之后的危害,却是无论如何也说不出口了。于是,整个会议在"高度的共识"之下达成了决议:明年,哦不! 往后资优班将会继续存在,而且这是得到多数老师认可的结果。

下个学年度到了,学校整体的情形不幸被杨志华言中。资优班的学生每天要应付考不完的试,辛辛苦苦地准备之后考了 90 分,没有掌声,只有问句:"为什么没有考 100 分?"如果不幸考差了,往往是一阵酸溜溜的调侃:"资优班也不过如此。"非资优班更不用说了,班上不读书(不想及不会)的同学占了多数,导致全班的读书气氛一直拉不起来。老师认真了老半天之后,分数仍然只在三四十分徘徊,教到后来连老师也无力了。学生看老师都放弃了,乐得自我放弃,可是省下来的精力要干什么用呢? 于是挑战校规、捉弄老师成了学生排遣无聊的主要休闲娱乐。

总而言之,学校的现况大概只能用一个"乱"字来形容了。但是大家怎么看待这个乱象呢? 会不会是因为资优班的存在所造成的后果呢? 不会,因为这个政策是在大家共同讨论之后得到的结果。既然是集思广益之下的产物,那么结论一定是所有可以得到的方法里"最好的方法"，绝对是无可挑剔之处，所以原因必然是其他。于是大家普遍认为这是社会趋势，现在的学生素质就是这么差，我们只能够接受这样的结果了。

故事背后

在讨论团体迷思之前，或许应该先来看看个人，这个个人指的当然是团体的领导者。在下面的讨论中就会发现，领导者的态度是造成团体极化的重要原因，有必要对领导者的想法先做初步的了解。那么这个人在做决策的时候会犯什么毛病呢？能够作为一个领导者，他一定具有某种程度的决策能力，也就是说他对于问题的解决方式通常会"心里有数"。接下来他犯的错误就是：a. 会特意搜集对自己的决定有利的证据；b. 会不经意地忽略对自己的决定不利的事实。举例来说，若是校长倾向支持能力分班，那么他就会看到很多家长都要求他分班，而且分班之后的升学率果然会比较好。但是他会"看不到"那些被分到后段班的同学痛苦的表情，会"听不到"有部分家长及老师向他反映不希望分班的诉求。

解决这个现象的方法很简单，就看领导者愿不愿做了。它就是：领导者的身边一定要有人专门表达反对意见。虽然反对者的意见不一定要被采纳，但是一定要鼓励（甚至奖励）这种人的存在。因为大多数的人都只敢揣摩及顺从上意，能够不盲从附和就已经难得了，还要特意反对领导者，非得有过人的勇气不可。

在以前的帝制里，这些人被称为谏官。其实以历史来看，只要谏官很活跃的朝代，那时候大概都是政治清明、国泰民安。就好像唐太宗身边因为有魏徵的善谏，才有机会创造贞观盛世。唐太宗的能力好不好？当然好，但是能力再好的领导者也会犯错。我以为唐太宗之所以能在中国无数帝王之中留下一席美名，主要就是因为他肯接受他人的谏言。相反地，不用说领导者的身边围绕了一群谄媚附和的狗腿，只要看不到领导者的身边有人敢表示反对意见，这个团体应该是没什么指望了。所以校长、主任若是对于身边总是有人在唱反调，千万不要觉得烦，这些人的存在，正足以证明您是一个有雅量的领导者。

再来讨论所谓的"团体迷思"。先不用考虑一些比较极权的组织，根本不愿意接纳任何与领导者意见不同的看法。就算是一个民主化的团体里，也很难避免会有"团体迷思"的现象发生。这是因为在一个有高度凝聚力的团体中，有时候为了寻求共识，常常会坚持团体的决策是正确的，因此忽略持相反意见的声音。团体迷思的结果往往也会造成"团体极化"的现象。所谓"团体极化"，就是指一件事情的决策，在经过众人的讨论之后，往往会比个人单独决策时，更趋向极端的决定。也就是保守的会更保守，冒险的会更冒险。上述两种都不见得会形成一个好的决策。

仔细分析，发生上述现象的可能原因如下：

责任扩散

团体中的决定，由全体成员共同承担，即使错误，个人也不必负全部责任。这也是为什么很多人在抱怨开会没有意义，好像只是去帮会议的结论做政策背书而已。说实在的，这个说法完全正确，只是这样的会议并非没有意义，它的意义就是要大家去背书。以上述的故事为例，校长或教务主任应该在一开始就想要继续办理资优班了，但是因为有新闻事件正在炒作，做起来总是有一点怕怕的。开一个会，邀请许多老师一同出席，心里总是感觉踏实许多，因为这时候他可以安慰自己："一切都是会议的决议，自己只是会议中的一分子而已。"

就算开会并没有预设的决议内容，反正主持人一定会在开场的时候就先说明："欢迎大家提供意见，讨论绝对没有预设立场，大家尽量把心中的想法说出来。"多数人当然是没意见的，只是沉默了好一段时间之后，大家都会迫切地需要有某个意见来讨论(随便什么都好)。这时候某人可能会随便丢个议题出来，他可是没有压力的哦！因为他的心里在想："反正到时候表决多半不会过，就算表决通过，执行的人也不会是我。再说，如果表决通过了，那不是表示我提的建议是一个好的建议吗？"

好了，现在有人丢出一个想法了，整个会议终于可以有东西讨论了，反正眼前又没有其他想法，结果这个想法就成了唯一想法。在经过大家的讨论之后，又变成大家共同的想法。最后真的要拍板定案了，连一开始提议的人也吓了一跳："没想到我随便说说也能得到大家肯定，或许自己是天纵英才呢！"

自我监督

自我监督是指个体会有"从众"的现象，因为从众压力的存在，所以会告诉自己不要提出不同的异议。大家都不想当第一个人，所以在一开始的时候总是会有一阵子的沉默，大家都想静静地躲在一角等着看事情的发展，一旦事情的发展开始明朗化，支持者的意见就会一拥而上（反正站在多数人那一边总是不会有错）。如果只有一个人发言，往往还不会得到大多数的支持，但是随着第二个、第三个……第 n 个相同意见出现的时候，整个情势就会出现一面倒的现象了。到底要到第几个人才会有这种现象呢？不知道！到底这样的想法是不是真的是多数人的想法呢？不一定！到底这样的结论是不是好的结论呢？不见得！这就是团体迷思的陷阱所在了。

心理卫士

人们在心理上会捍卫领导者的意见，于是领导者的意见反而会被极端化，所以在开会的时候，最忌讳的是领导者的意向提早曝光。消极地说，多数人并不愿意和领导者起冲突（除非他们不想干了）。如果事后证明是自己错了，多半会得到一场羞辱，就算上级不计较，自己心里也有压力。万一事后证明自己是对的，还要担心上级会有妒才的现象，也可能硬把黑的说成白的，然后就准备要背黑锅了。反正"官大学问大"、"天塌下来有高个子的人顶着"，一切又何必强出头呢？

积极地说，少数人特别喜欢拍领导者的马屁，不管领导者说什么都是至理名言、真知灼见。这几个不要脸的马屁精很快就会形成一股力量，影响一些价值中立者的判断，结论当然也就一面倒了。

一致的假象

团体所做的决定，就算只是 51％的勉强多数，最后执行的时候，往往会被视为大家"共同"的决定。人们的大脑倾向于做"简单"的思考，所以多数人根本懒得去思考会议进行的经过，是否还曾经提出其他哪些建议？或是结论的出现是否经过充分的讨论？只要最后能够有最简单的答案"Yes"or"No"就可以了。于是，51％的支持率会被想象成 100％，而 49％的反对意见也会被直接蒸发，得到一个"共识"的假象。

虽然有团体迷思的现象，但是这并不是表示大家以后都不用开会了。相反地，领导者更应该以此现象为警惕，让开会的举动变得更有意义。一般来说，领导者有以下几种方法来预防团体迷思：

1. 鼓励成员多提供批评的意见。一般人的心态倾向于"说好听的话"，然而，我们应该都同意一个事实：没有任何一件事是十全十美。所以，一个决策会有什么缺点？如何改善或预防？就应该在讨论的时候一并提出，否则大家一味地只说好话，很容易让人对一项决策的可行性造成误判，也容易让人无法在决策真正执行而出现问题时，及时地解决问题。教改的失败应该就是没有做到这一点吧！批评的意见当然刺耳，正因如此，它才更需要被鼓励，否则就没有人愿意说了。

2. 团体中的领导者或关键成员，在讨论的过程中应该保持超然的立场。为了不要让与会的人揣测上意，因而扭曲了真正讨论的精神，领导者的意见绝对不能事先曝光。事实上，领导者根本就不能有"预设立场"的心态，否则开会很容易就会流于形式（除非这就是领导者真正要的）。

3. 同一议题，分派不同的小组进行讨论。以上述的例子来说，是否应该继续实施资优班，未必一定要举办一个全校性的校务会议来讨论，也可以分为各年级导师、专任教师、行政人员、各处室人员等小组分别讨论，再将各小组讨论的结果予以汇整。

　　4. 决策的过程可以邀请一位局外人参加。任何事情，只要与自身相关，难免会有价值观介入的问题，往往不能以客观的立场来看待问题。我一直建议学校的会议，应该要有家长参与，而且就算是讨论三年级的事务，也应该请一、二年级的家长参加讨论。此外，在一个领域待太久，对事情的看法往往会有僵化、固着的现象，邀请局外人参加，或许能提供"另类"的看法。

在开会的技巧之外，还应该知道有很多情况并不是少数就应该服从多数的决定，还必须考虑到"专业"的因素。举例说吧！如果对国中生做问卷调查："往后教学增加电脑及体育课的时间，缩减英、数、理三科的时间好不好？"同学们一定举双手赞成。但是站在课程设计者的角度来看，这种多数人的建议又怎么能够被接受呢？相同地，如果发个邀请函请家长到学校来表决"是否要按能力分班？"愿意拨时间到学校来的家长多半都会支持分班的决定，但是这项支持的背后是不是真的有专业知识做靠山呢？

　　我觉得大家往往会犯了一个不自知的毛病：以为多数人的意见就是好的意见。事实上，在表决之前，每一个意见的背后都应该有它的专业论述，根据什么样的想法才提出这样的说法。如果没有先思考每一项提案背后的专业支持，光是随便提一个想法，然后说："我觉得这样会对学生有帮助。"接着就要求大家进行表决，像这样子的决策肯定是太过草率了。

华东师范大学出版社教师教育类图书(部分)

教育领导(校长)用书

1. 一个称作学校的地方　　　　　　　　　　39.80 元
2. 教育领导学　　　　　　　　　　　　　　34.00 元
3. 有力的教师教育　　　　　　　　　　　　45.00 元
4. 学校经营　　　　　　　　　　　　　　　20.00 元
5. 学校文化　　　　　　　　　　　　　　　30.00 元
6. 教育的感情世界　　　　　　　　　　　　38.00 元
7. 人是如何学习的——大脑、心理、体验及学校　29.00 元
8. 教育改革——批判的和后结构主义的视角　　24.00 元
9. 教学与社会变革(第二版)　　　　　　　　59.80 元
10. 未来的课程　　　　　　　　　　　　　　24.00 元
11. 为了民主和社会公正的教师教育　　　　　39.80 元
12. 学会教学:教师专业发展导引　　　　　　26.00 元
13. 教育信任——减负提质的智慧　　　　　　25.00 元
14. 为了学习的教科书:编写、评估和使用　　49.80 元
15. 整合教学法:教学中的能力和学业获得的整合　36.00 元
16. 知识社会中的教学　　　　　　　　　　　29.00 元
17. 让每一所学校成为杰出的学校　　　　　　25.00 元
18. 教育变革的新意义　　　　　　　　　　　36.00 元

教师用书

1. 为了整合学业获得:情景的设计与开发　　34.00 元
2. 深度学习的 7 种有力策略　　　　　　　44.00 元
3. 走出"盒子"的教与学　　　　　　　　　24.00 元
4. 教师不可不知的哲学　　　　　　　　　　36.00 元
5. 学校中的心理咨询　　　　　　　　　　　36.00 元
6. 这样教学生才肯学:增强学习动机的 150 种策略　34.00 元
7. 激发学习动机　　　　　　　　　　　　　25.00 元
8. 做一名有谋略的教师　　　　　　　　　　32.00 元
9. 教师不可不知的心理学　　　　　　　　　25.00 元
10. 一个模子不适合所有的学生·差异教学的原理与实践　44.80 元
11. 体验学习:让体验作为学习与发展的源泉　27.00 元

更多教育类图书,请登录华东师范大学出版社网站:

www.ecnupress.com.cn